Itinéraires de lectures

Yolaine Tremblay

Du *Refus global* à la responsabilité entière

Parcours analytique de l'essai québécois
depuis 1948

Collection Griffon / La Lignée

les éditions
Le Griffon d'argile

Données de catalogage avant publication (Canada)

Tremblay, Yolaine, 1955-
    Du *Refus global* à la responsabilité entière : parcours
    analytique de l'essai québécois depuis 1948

(Collection Griffon / La Lignée)
Comprend des références bibliographiques et un index.
Pour les étudiants du niveau collégial.

ISBN 2-89443-125-2
        1. Essais canadiens-français—Québec (Province)—Histoire
et critique. 2. Essais canadiens-français—20ᵉ siècle—Histoire et
critique. 3. Essais canadiens-français—Québec (Province).
4. Essais canadiens-français—20ᵉ siècle. I. Titre. II. Collection.

PS8211.T73 2000   C844'.5408'09714   C00-900631-1
PQ3912.T73 2000

Coordination de l'édition et révision linguistique
Dominique Johnson

Direction pédagogique et préparation du manuscrit
Les Éditions La Lignée : Michelle Danis, Vital Gadbois, Nicole Simard

Conception graphique et infographie
Interscript

© 2000 Les éditions Le Griffon d'argile inc.
7649, boulevard Wilfrid-Hamel
Sainte-Foy (Québec) G2G 1C3
Tél. : (418) 871-6898 Téléc. : (418) 871-6818
www.griffondargile.com

Du *Refus global* à la responsabilité entière.
Parcours analytique de l'essai québécois depuis 1948

ISBN 2-89443-125-2
Nous reconnaissons l'aide financière du gouvernement du Canada
par l'entremise du Programme d'aide au développement
de l'industrie de l'édition (PADIE) pour nos activités d'édition.

Dépôt légal
Bibliothèque nationale du Canada
Bibliothèque nationale du Québec
2ᵉ trimestre 2000

Imprimé au Québec, Canada

Avant-propos

Au refus global nous opposons la responsabilité entière.
Paul-Émile BORDUAS.

L'année 1948 revient souvent comme date-phare du début de la modernité au Québec. Que s'est-il passé alors qui revête une si grande importance ? Au sortir de la Seconde Guerre mondiale, les efforts des intellectuels pour moderniser la société s'intensifient, s'exaspèrent. Un groupe d'artistes, sous l'autorité du peintre Paul-Émile Borduas – plus âgé, et leur professeur, dans quelques cas – publie le 9 août 1948 un manifeste[1] qui dénonce la société sclérosée et mesquine étouffant toute pulsion créatrice, et revendique le droit à la liberté. Proche du surréalisme, le *Refus global* appelle à une révolution culturelle : le Québec doit « rompre avec la vieille mentalité de "survivance" et s'ouvrir aux grands courants de la pensée universelle »[2]. Cet essai, où se mêlent « les rêves de transformations sociales et de liberté d'affirmation et d'expression »[3], a des résonances à la fois politiques et poétiques. Son outrance, son intransigeance, la violence du ton employé seront vus par certains lecteurs comme l'expression du *Vrai*. Rien n'illustre mieux la mystique entourant Borduas et son *Refus* que cette réflexion de Pierre Vadeboncœur : « Il avait quelque chose d'un saint[4]. »

La publication de ce manifeste aura un grand retentissement au Québec, notamment pour des raisons qui relèvent de l'anecdote. En effet, le texte – qui ne fait pas, au départ, l'unanimité chez les critiques d'art – scandalise les autorités et Borduas, alors professeur à l'École du meuble, est renvoyé par décision politique. C'est un tollé dans les journaux, et le débat qui s'ensuit dépasse les stricts enjeux du texte : critique de l'abus du pouvoir politique, mais aussi revendication de la liberté de pensée et d'expression, du droit à la dissidence et à la différenciation de l'artiste, de l'accès à la modernité. En ce sens, on peut croire que le *Refus global* a favorisé l'éclosion de la pensée critique qui s'exprimerait un peu plus tard, dans les années 60, dans ce que François Ricard a appelé l'« âge d'or de l'essai ». Aujourd'hui, avec le recul, de nombreux historiens partagent encore cette vision de Vadeboncœur : « Borduas est à la source de la conscience des intellectuels [...] de chez nous ; il est le point de départ et le point central de cette conscience[5]. » Pour mieux témoigner de l'importance du *Refus global* dans l'histoire de notre société et de notre littérature, notre ouvrage s'ouvre sur un large extrait de ce texte percutant.

Dans la foulée du *Refus global*, les écrivains des années 50 refusent de suivre les traces d'un passé glorifié mais stérilisant ; l'avenir ne s'ouvrira que par l'examen critique et la remise en question de notre société. C'est cette avenue que ceux des années 60 empruntent, favorisés en cela par la Révolution tranquille, alors que « notre collectivité a découvert globalement sa littérature et encouragé ses écrivains comme jamais elle ne l'avait fait auparavant »[6]. On voit alors un essai contestataire, polémique, omniprésent sur la place publique, ne reculant devant aucun débat. La décennie qui suivra, ouverte par les événements d'octobre 1970, marquera une certaine redéfinition du rôle de l'essai et, surtout, de ses enjeux : découvrir le JE ; explorer le territoire intérieur ; interroger l'identité hors de l'orbite nationaliste ; faire entendre une voix autre, féministe ; dépasser la mission politique pour investir le littéraire. C'est peut-être cette dernière tangente qui indique le mieux la direction qu'a prise l'essai à notre époque : texte de réflexion, texte d'action, mais surtout texte ouvert sur l'espace littéraire.

Ainsi, de la génération de *Cité libre* à celle de *Parti Pris*, de la voix d'une conscience collective à la voix singulière, du politique au poétique, les essayistes ont parcouru tous les possibles de l'essai. Leurs textes ont parfois obtenu une audience considérable ; on peut même dire de certains qu'ils ont profondément changé le Québec et ont exercé une influence directe sur plusieurs événements politiques ou sociaux. Ainsi *Les insolences du frère Untel* ont-elles profondément secoué le milieu de l'éducation. D'autres, moins explosifs, font cependant leur chemin dans le silence de la lecture, comme l'œuvre d'un Jacques Brault ou d'un Fernand Ouellette, figures maintenant incontournables de notre littérature nationale. Grâce aux uns et aux autres, on ne peut plus, dans le Québec d'aujourd'hui, parler de l'essai comme d'un genre mineur.

Structure générale

L'objectif premier du présent ouvrage est de proposer un portrait de l'essai québécois depuis 1948 ; c'est donc une anthologie. Cependant, ce n'est pas une anthologie chronologique ; son principe organisateur est plutôt d'ordre analytique, chaque chapitre s'articulant autour de quelques concepts opératoires touchant l'essai. Il nous apparaissait en effet que, loin d'être gratuite, la présentation du genre permettrait au lecteur de faire l'acquisition de savoirs essentiels pour mieux lire et comprendre les textes.

Cette anthologie propose donc à la fois un parcours de lecture et un parcours théorique. Nous avons également adopté une tangente résolument littéraire qui se traduit par un choix de textes d'écrivains confirmés et actifs dans plusieurs champs de la littérature, comme Pierre Morency, Jacques Brault ou Jacques Ferron, ce qui encourage l'établissement de liens entre les œuvres de différents genres. De plus, cet *a priori* en faveur d'une plus grande *littérarité* de l'essai vient rappeler que celui-ci n'est jamais un simple véhicule idéel.

L'ouvrage s'ouvre sur une introduction permettant de poser les principales caractéristiques du genre essayistique et de le distinguer des autres genres que le lecteur connaît mieux. Suivent les cinq chapitres de l'anthologie proprement dite, où sont repris quelque 30 textes, textes complets le plus souvent, sinon extraits de plusieurs pages. Les essais retenus y sont regroupés selon leur approche du genre : examen d'un JE ; réflexion sur l'Être et le monde ; réflexion sur le Québec et le présent ; argumentation et revendication ; abandon à l'écriture. Ce critère d'ordre *générique* permet d'illustrer certaines spécificités de l'essai, certaines dominantes qui, pour être sensibles, n'autoriseront jamais à y réduire l'œuvre. Mais il présente un second avantage : il met en lumière une parenté dans le projet des textes choisis, cette parenté donnant parfois au lecteur l'occasion de réfléchir sur quelques grandes questions culturelles du Québec contemporain.

Chaque chapitre reprend la même structure. Y sont d'abord présentés les concepts opératoires en jeu, avant de laisser la place aux essais choisis. Chaque œuvre est précédée d'une brève présentation de l'auteur[7] et du contexte de parution : ces renseignements sociohistoriques favorisent l'établissement de liens entre les problématiques et l'époque. L'essai est suivi de questions regroupées en trois niveaux : la lecture analytique ; l'interprétation et la réflexion ; l'analyse comparée et la critique. Les trois niveaux se relaient, conduisant le lecteur attentif de l'analyse formelle des textes à une meilleure compréhension de leurs enjeux. Pour chaque texte, nous proposons également quelques lectures convergentes en poésie, en roman, en essai ou en théâtre ; ces suggestions permettent de poser des jalons entre l'essai et la littérature québécoise des cinquante dernières années, dans le prolongement des problématiques abordées par le texte. À la toute fin des chapitres, les *petits problèmes de sortie* ouvrent sur une réflexion plus libre, plus personnelle, qui permet au lecteur d'élargir le champ de son questionnement et de devenir, à son tour, essayiste.

Quelques précisions encore. Les caractères gras signalent les concepts opératoires qui seront examinés dans le chapitre. Les astérisques qui suivent certains termes indiquent que ce sont des concepts explicités dans l'un ou l'autre chapitre ; l'index en donne la référence. L'usage de l'italique permet de souligner une nuance, d'attirer l'attention sur un concept plus difficile. Enfin, dans la liste des titres retenus dans chaque chapitre, l'abréviation « t.c. » indique un texte complet et « extr. » un extrait. La date qui figure à côté du titre de l'essai retenu indique l'année d'écriture ou de première parution, quand cette information est connue ; sinon, nous avons retenu la date de parution en recueil. À la fin de l'ouvrage, un tableau synoptique permet de situer l'ensemble des textes retenus l'un par rapport à l'autre, en regard d'événements marquants de l'histoire culturelle québécoise.

Objectifs pédagogiques

Sur le plan pédagogique, l'ouvrage poursuit cinq objectifs : familiariser le lecteur avec un genre parfois difficile ; favoriser une véritable rencontre de l'œuvre en lui offrant, dans la mesure du possible, des textes complets ; le soutenir dans sa compréhension de chaque texte ; l'encourager à approfondir sa réflexion critique ; lui permettre de mieux connaître les grands enjeux culturels québécois, tels qu'ils se manifestent dans la littérature – et plus particulièrement dans l'essai.

Au terme de son parcours, le lecteur aura eu l'occasion de faire plus qu'un survol de notre littérature essayistique contemporaine ; il aura rencontré des auteurs – incontournables ou moins connus –, des textes solides et parfois désarçonnants ; il aura appris à mieux connaître une époque pas si lointaine et son propre présent ; il aura analysé, réfléchi, comparé, réfléchi encore. Si cette fenêtre ouverte sur une compréhension plus profonde de sa place dans le monde et dans la société qui est la nôtre, si cette fenêtre ouverte ne se referme pas, nous aurons atteint mieux que notre but.

Table des matières

INTRODUCTION – L'essai, un texte ancré dans le réel   1

PARCOURS ANALYTIQUE

       Paul-Émile Borduas *et al.*, *Refus global*   9

CHAPITRE 1 : L'essai comme outil d'exploration
du JE et de sa mémoire   13

       Alain Grandbois, « Paris (2) »   18

       Jacques Brault, « Une grammaire du cœur »   24

       Gabrielle Roy, *La détresse et l'enchantement*   27

       Monique Bosco, *Confiteor*   32

CHAPITRE 2 : L'essai comme lieu et outil de pensée :
la leçon de Montaigne   37

       Ernest Gagnon, « Masques et visage »   42

       Pierre Baillargeon, « Montaigne »   45

       Ariane Émond, « La vie vaut la peine d'être jardinée »   50

       Pierre Morency, « Face à l'univers »   53

       Pierre Vadeboncœur, « La grâce et l'attention »   62

CHAPITRE 3 : L'essai en prise sur le réel :
un portrait en miroir de la société   67

       Jean Le Moyne, « La femme
dans le contexte historique »   73

       Pierre Vadeboncœur, *La ligne du risque*   77

       Jacques Ferron, « La belle parade d'Arthur Buies »   82

       Jacques Godbout, « L'écrivain d'affaires :
la littérature mise à prix »   85

       Gilles Marcotte, « Découvrir l'Amérique »   87

       Luc Bureau, « Au fil du monde »   92

       Neil Bissoondath, « L'ethnicité »   97

       Fernand Dumont, « L'avenir d'une culture » 102

CHAPITRE 4 : L'essai en lutte dans le réel :
un outil polémique   107

Jacques Ferron, « L'automatisme gonflé »   113

Fernand Ouellette, « La chasse à courre »   117

Hélène Pedneault, « Y a-t-il une vraie femme
dans la salle ? »   120

Jean Larose, « Le fantôme de la littérature »   123

*Autour de la langue que nous parlons :
le joual et le fouet*   130

Jean-Paul Desbiens (frère Untel), « La langue jouale »   131

Gérald Godin, « Le joual et nous »   136

Jean Marcel, « Langue et idéologies »   139

Georges Dor, « Suis-je ou ne suis-je pas ? »   143

CHAPITRE 5 : L'essai aux confins de son territoire :
un lieu poétique   149

Rina Lasnier, « Routes marines »   153

Robert Marteau, « Jean-Paul Riopelle »   156

Félix-Antoine Savard, « Musée de l'hiver »   159

Jacques Brault, « Cela même »   160

NOTES   163

TABLEAU SYNOPTIQUE DES ESSAIS RETENUS   165

INDEX DES CONCEPTS EXPLIQUÉS   166

INDEX DES TITRES RETENUS   166

BIBLIOGRAPHIE DES TEXTES RETENUS   167

BIBLIOGRAPHIE DES SOURCES THÉORIQUES   169

Introduction

L'essai,
un texte ancré dans le réel

Qu'est-ce que l'essai ?

L'essai est l'*écrit-qui-parle*, c'est une voix qui s'élève dans le réel, et qui dit vrai. Cette assertion peut sembler énigmatique ; elle reprend néanmoins l'essentiel de ce qui fait la particularité du genre. Quand on évoque l'essai, on parle d'un genre littéraire peu connu et assez difficile à définir en raison même de sa première particularité : il est protéiforme, c'est-à-dire qu'il se présente sous des aspects très divers. Comparé au roman – facilement associé à une histoire racontée –, à la poésie – associée aux vers – et au théâtre – associé à des dialogues et à la représentation –, l'essai occupe en effet un territoire moins aisément circonscrit. Bien qu'il emploie toujours la prose, il raconte, il dit, réfléchit et discute dans le même souffle. Il hésite entre l'anecdote, la conceptualisation et l'action. Appartiennent ainsi à l'essai des textes aussi différents que les mémoires, l'autobiographie, les chroniques, les recueils de maximes ou de réflexions, les manifestes, etc. Cette disparité offre un avantage : le genre littéraire, dans le cas de l'essai, ne cache pas le texte lui-même, qui ne se trouve jamais étiqueté – *pré-jugé* – avant de pouvoir dire. Cependant, l'essai peut se définir par quelques caractéristiques centrales qui font apparaître les convergences des textes. Voici ces caractéristiques.

L'essai est en prise directe sur le réel

Contrairement à ce qui se passe dans le roman ou au théâtre, dans l'essai l'auteur parle de la réalité directement, sans passer par un intermédiaire symbolique et fictif, par un modèle *imaginé* à partir de la réalité. Le lecteur ne trouve dans l'essai ni personnages ni intrigue. Ce qu'il met en scène n'est pas un modèle du réel, inventé mais *vraisemblable* ; ce qu'il met en scène est *vrai*, a été ou est vécu et pensé dans la réalité. À la base de tout essai se trouve ainsi un réel *expérimenté*; c'est cette dimension – la voix singulière d'une expérience humaine – qui le caractérise.

Dans l'essai, le narrateur est assimilable à l'auteur

Nous savons que, dans le roman, le narrateur n'est jamais l'auteur. Cette proposition ne tient pas dans l'essai. Le narrateur de l'essai n'est pas un être de fiction; c'est l'auteur lui-même qui parle en son nom propre, à partir de sa propre expérience. Il ne se cache pas derrière un personnage; au contraire, il revendique la voix du narrateur et l'assume pleinement dans sa réalité, en dehors du texte. Dans l'essai, le narrateur n'est ni omniscient ni *prescient*; il a les limites d'un être appartenant au réel: il est UN homme ou UNE femme, un être singulier qui parle *vrai*. Cet auteur-narrateur est presque toujours directement présent dans le texte. De plusieurs façons, il nous déclare qu'il est celui qui parle – et nous donne généralement le moyen de vérifier cette déclaration, par exemple en faisant référence à des éléments biographiques.

L'essai repose sur un pacte de vérité

Des deux caractéristiques précédentes découle une troisième: l'essai se fonde sur un pacte de vérité qui scelle le lien entre le lecteur et l'auteur, par l'intermédiaire du livre. En effet, la lecture de l'essai repose sur une confiance mutuelle entre auteur et lecteur. L'auteur, parce qu'il parle de la réalité à partir de son propre point de vue, s'engage à dire vrai et dès lors s'expose non seulement comme artiste, mais comme individu; il s'en remet au lecteur qui jugera ses propos et réflexions avec les critères du réel: le Beau, le Bon et le Vrai. Il ne sera plus protégé par la fiction. Le lecteur, de son côté, entame sa lecture en tenant pour acquis que ce qu'il lit est vrai: il fait confiance à l'auteur, se plaçant directement sur le plan des valeurs et des expériences, confrontant ses propres idées avec les siennes; il *participe* à ce qui est dit puisque cette réalité dont on parle est la sienne. Lui aussi court un risque: la lecture de l'essai n'est pas une évasion, mais un engagement.

L'essai est fondé sur la subjectivité

Parce qu'il rend compte d'une expérience particulière du réel, l'essai ne peut échapper à la subjectivité. Au contraire, il n'existe que par elle puisqu'il propose un *point de vue*. Jamais il ne prétend à l'objectivité scientifique. Si l'auteur donne des faits, ce n'est pas pour peindre un réel dont il s'exclut; c'est au contraire pour mieux partager son expérience, pour mieux expliquer au lecteur sur quoi se fondent ses convictions. Cette subjectivité se manifeste de plusieurs manières, dans le contenu des propos comme dans la conduite du discours. Ainsi, le texte accepte de se *dérouter* au hasard d'un mot évoquant un souvenir ou un lieu cher ; il demeure ouvert à l'inspiration du moment de l'écriture, aux stimuli extérieurs comme aux nouvelles réflexions nées, semble-t-il, de l'écriture même, de la mise en noir sur blanc. C'est d'ailleurs par cette ouverture de l'essayiste à la puissance des mots que l'essai appartient au littéraire ; le langage qu'il emploie demeure, dans une certaine mesure, imprévisible et créateur.

L'essai permet d'atteindre trois objectifs

Quand l'essayiste prend la plume, que désire-t-il ? Proposer son point de vue sur le monde. Pourquoi ? D'abord, parce que ce point de vue en vaut la peine : c'est la *valorisation du destinateur*. Ensuite, parce qu'il veut montrer la réalité, la peindre au mieux : c'est la *description du réel*. Enfin, parce qu'il veut exercer une influence, même modeste, sur le lecteur, le conduire dans des lieux qu'il n'a jamais visités ou lui proposer des réflexions peut-être nouvelles, peut-être choquantes, mais qui lui permettront de continuer son propre cheminement : c'est l'*action sur le destinataire*. En divulguant un savoir unique – l'expérience – qui, sans être transférable, permet à chacun d'augmenter sa compréhension du monde, l'essayiste atteint ces trois objectifs. Chacun d'eux est présent dans le texte, mais la dominante est variable et va influencer la forme même de l'essai et le type de discours que l'auteur emploiera. Cette dominante est un des principes organisateurs du présent ouvrage.

Existe-t-il un essai québécois ?

Sur le plan du genre, nous devons répondre non. Rien dans la forme du texte, dans sa façon d'employer le langage, dans son rapport au monde ne différencie véritablement l'essai québécois des essais étrangers. Ici comme ailleurs, les écrivains ne se laissent pas enfermer dans des considérations théoriques et modulent leur appartenance à l'essai, tantôt flirtant avec la fiction, tantôt abordant des rivages plus poétiques, tantôt même glissant vers un réquisitoire qui s'apparente plus au manifeste politique qu'au manifeste littéraire.

Cependant, l'essai québécois possède certaines particularités d'ordre thématique. En effet, dans ces textes dominent deux sujets qui parcourent toute notre littérature : la question identitaire et celle de la langue, sujets liés par un fil commun, la question nationale. « [...] la thématique nationale, indissociable des implications politiques et sociales, [...] constitue pour [l'essai] un sujet majeur et s'articule puissamment dans la vision esthétique produite par le Je. Dimension importante, elle *détermine* la position que l'essayiste occupe vis-à-vis de la réalité [...][1]. » Comme le signale ici Przychodzen, cette thématique dépasse la notion de sujet ; elle est si fortement attachée à la définition même du JE écrivant qu'elle impose souvent sa tangente même quand, à partir des années 70, le regard se tourne davantage vers l'« inconnu intérieur ». Paraissent indissociables, à beaucoup d'égards, le JE de l'écrivain et le NOUS de son appartenance collective. Dire l'un, c'est explorer l'autre.

La question identitaire

La question identitaire, si présente dans le roman, revient de façon récurrente dans nos essais. Abordée d'un point de vue personnel ou politique, elle souligne l'incessant questionnement d'un être différent et incertain dans un monde qu'il ne voit pas à sa ressemblance, d'un francophone en Amérique, d'un Européen dans un monde d'américanité, d'un Américain dans une culture de souche européenne. Quand Gilles Marcotte déclare : « En somme, le mot Amérique ne m'appartient pas »[2], le problème identitaire est au cœur de son questionnement.

La question de la langue

L'autre sujet omniprésent dans l'essai québécois touche à la langue. Indissociable de notre littérature dès son émergence, source de périodiques querelles étalées dans nos journaux, cette question cristallisera à nouveau les passions dans les années 60 et dans la décennie suivante. Le frère Untel avait attaché le grelot dans ses *Insolences*[3] : « La question est de savoir si on peut faire sa vie entre jouaux[4]. » En 1963, la revue *Parti Pris* relancera la querelle du *joual*, sous le signe de la polémique. Peu d'intellectuels pourront éviter de prendre parti et, de part et d'autre, les attaques seront rudes et outrancières[5] : « La langue est un sport violent[6]. » Depuis, jamais cette question n'a quitté la scène de l'essai.

Ces deux problématiques appartiennent-elles plus à l'histoire récente qu'au présent ? Peut-on affirmer que la littérature québécoise est maintenant arrivée à dépasser la question nationale, qu'elle « a quitté ses préoccupations identitaires [...] pour gagner son statut d'expression moderne des aventures individuelles et des expériences formelles »[7] ? Il est certain que l'essai québécois ne s'y restreint pas ; sa réflexion a de tout temps débordé ces cadres et cela semble encore plus vrai maintenant. Il est certain également que les essayistes ont maintes fois exprimé leur exaspération devant ces incontournables sujets qu'ils ne demandent, justement, qu'à dépasser : ainsi, Gaston Miron s'écriait en 1987 : « Quand je pense aux générations de Québécois qui ont brûlé leurs milliards de neurones sur la question de la langue [...][8]. » Et pourtant, l'actualité littéraire nous montre que périodiquement paraissent des essais proposant sur ces mêmes sujets de nouvelles avenues de réflexion et qu'alors s'enflamment, dans les années 90 comme trente ans plus tôt, des débats passionnés dont les quotidiens rendent compte. Rien n'est donc jamais réglé ni liquidé ; comment faire autrement quand l'essai, par définition, *poursuit* une réflexion toujours ouverte ?

L'essai québécois a peut-être une autre spécificité. Il est d'abord une littérature d'action et d'interactions, une littérature de place publique et de médias ouverts. Les essais qui paraissent en volumes rassemblent des chroniques, des billets parus ailleurs dans des magazines, des journaux : l'essayiste d'ici est engagé dans le réel concret, souvent quotidien, et le lecteur auquel il s'adresse est plus incarné que virtuel. Avant d'appartenir au monde du livre, l'essayiste québécois appartient donc au monde du périodique, à la réalité de son temps, et y prend sa place, ce qui ne l'empêche pas de choisir, parfois, le retrait, le silence et la méditation ; ni agitateur, ni ermite, à l'image du genre qu'il pratique, c'est un être protéiforme qu'on ne saurait réduire.

Enfin, on remarquera que le champ de l'essai, depuis les années 60, est investi sans cesse davantage par les écrivains – romanciers et poètes – qui y développent, à ce titre, leur réflexion sur le réel et le littéraire. Cette *littérarisation* de l'essai est un phénomène important dont nous avons tenu à rendre compte par le choix des textes, comme nous l'avons signalé dans l'avant-propos.

Parcours analytique

Pierre Baillargeon Neil Bissoondath
Paul-Émile Borduas Monique Bosco
Jacques Brault Luc Bureau Jean-Paul Desbiens
Georges Dor Fernand Dumont Ariane Émond
Jacques Ferron Ernest Gagnon Jacques Godbout
Gérald Godin Alain Grandbois Jean Larose
Rina Lasnier Jean Le Moyne Jean Marcel
Gilles Marcotte Robert Marteau Pierre Morency
Fernand Ouellette Hélène Pedneault
Gabrielle Roy Félix-Antoine Savard
Pierre Vadeboncœur

Refus global

Rejetons de modestes familles canadiennes-françaises, ouvrières ou petites bourgeoises, de l'arrivée au pays à nos jours restées françaises et catholiques par résistance au vainqueur, par attachement arbitraire au passé, par plaisir et orgueil sentimental et autres nécessités.

Colonie précipitée dès 1760 dans les murs lisses de la peur, refuge habituel des vaincus ; là, une première fois abandonnée. L'élite reprend la mer ou se vend au plus fort. Elle ne manquera plus de le faire chaque fois qu'une occasion sera belle.

Un petit peuple serré de près aux soutanes restées les seules dépositaires de la foi, du savoir, de la vérité et de la richesse nationale. Tenu à l'écart de l'évolution universelle de la pensée pleine de risques et de dangers, éduqué sans mauvaise volonté, mais sans contrôle, dans le faux jugement des grands faits de l'histoire quand l'ignorance complète est impraticable.

Petit peuple issu d'une colonie janséniste, isolé, vaincu, sans défense contre l'invasion de toutes les congrégations de France et de Navarre, en mal de perpétuer en ces lieux bénis de la peur (c'est-le-commencement-de-la-sagesse!) le prestige et les bénéfices du catholicisme malmené en Europe. Héritières de l'autorité papale, mécanique, sans réplique, grands maîtres des méthodes obscurantistes, nos maisons d'enseignement ont dès lors les moyens d'organiser en monopole le règne de la mémoire exploiteuse, de la raison immobile, de l'intention néfaste.

Petit peuple qui malgré tout se multiplie dans la générosité de la chair sinon dans celle de l'esprit, au nord de l'immense Amérique au corps sémillant de la jeunesse au cœur d'or, mais à la morale simiesque, envoûtée par le prestige annihilant du souvenir des chefs-d'œuvre d'Europe, dédaigneuse des authentiques créations de ses classes opprimées.

Notre destin sembla durement fixé.

Des révolutions, des guerres extérieures brisent cependant l'étanchéité du charme, l'efficacité du blocus spirituel.

Des perles incontrôlables suintent hors les murs.

Les luttes politiques deviennent âprement partisanes. Le clergé contre tout espoir commet des imprudences.

Des révoltes suivent, quelques exécutions capitales succèdent. Passionnément les premières ruptures s'opèrent entre le clergé et quelques fidèles. Lentement la brèche s'élargit, se rétrécit, s'élargit encore.

[...]

Des consciences s'éclairent au contact vivifiant des poètes maudits : ces hommes qui, sans être des monstres, osent exprimer haut et net ce que les plus malheureux d'entre nous étouffent tout bas dans la honte de soi et de la terreur d'être engloutis vivants. Un peu de lumière se fait à l'exemple de ces hommes qui acceptent les premiers les inquiétudes présentes, si douloureuses, si filles perdues. Les réponses qu'ils apportent ont une autre valeur de trouble, de précision, de fraîcheur que les sempiternelles rengaines proposées au pays du Québec et dans tous les séminaires du globe.

Les frontières de nos rêves ne sont plus les mêmes.

Des vertiges nous prennent à la tombée des oripeaux d'horizons naguère surchargés.

La honte du servage sans espoir fait place à la fierté d'une liberté possible à conquérir de haute lutte.

Au diable le goupillon et la tuque !

Mille fois ils extorquèrent ce qu'ils donnèrent jadis.

Par-delà le christianisme nous touchons la brûlante fraternité humaine dont il est devenu la porte fermée.

Le règne de la peur multiforme est terminé.

Dans le fol espoir d'en effacer le souvenir je les énumère :

peur des préjugés – de l'opinion publique – des persécutions – de la réprobation générale

peur d'être seul sans Dieu et la société qui isolent très infailliblement

peur de soi – de son frère – de la pauvreté

peur de l'ordre établi – de la ridicule justice

peur des relations neuves

peur du surrationnel

peur des nécessités

peur des écluses grandes ouvertes sur la foi en l'homme – en la société future

peur de toutes les formes susceptibles de déclencher un amour transformant

peur bleue – peur rouge – peur blanche : maillons de notre chaîne.

Du règne de la peur soustrayante nous passons à celui de l'angoisse.

[...]

D'ici là notre devoir est simple.

Rompre définitivement avec toutes les habitudes de la société, se désolidariser de son esprit utilitaire. Refus d'être sciemment au-dessous de nos possibilités psychiques et physiques. Refus de fermer les yeux sur les vices, les duperies perpétrées sous le couvert du savoir, du service rendu, de la reconnaissance due. Refus d'un cantonnement dans la seule bourgade plastique, place fortifiée mais trop facile d'évitement. Refus de se taire, – faites de nous ce qu'il vous plaira mais vous devez nous entendre – refus de la gloire, des honneurs (le premier consenti) : stigmates de la nuisance, de l'inconscience, de la servilité. Refus de servir, d'être utilisable pour de telles fins. Refus de toute INTENTION, arme néfaste de la RAISON. À bas toutes deux, au second rang !

PLACE À LA MAGIE ! PLACE AUX MYSTÈRES OBJECTIFS !

PLACE À L'AMOUR !

PLACE AUX NÉCESSITÉS !

Au refus global nous opposons la responsabilité entière.

[...]

Paul-Émile Borduas et
Magdeleine Arbour, Marcel Barbeau, Bruno Cormier, Claude Gauvreau,
Pierre Gauvreau, Muriel Guilbault, Marcelle Ferron-Hamelin, Fernand Leduc,
Thérèse Leduc, Jean-Paul Mousseau, Maurice Perron, Louise Renaud,
Françoise Riopelle, Jean-Paul Riopelle, Françoise Sullivan.

Refus global et autres écrits, p. 65-68 et 73.
© Typo, 1996.

Chapitre 1

L'essai comme outil d'exploration du JE et de sa mémoire

Dans l'essai, c'est toujours un JE qui parle ; il lui arrive souvent de parler de lui-même, directement. Parce que son point de départ est dans la réalité, l'essai est en effet, pour l'écrivain, un outil d'exploration du JE, tel qu'il existe dans le présent. Il est alors doublement subjectif, d'abord par le regard de l'auteur : ce qu'il désire, c'est montrer comment il voit le réel ; mais aussi par ce qu'il regarde : lui-même, réalité subjective par définition. **Qui suis-je ?** Voilà la question que l'essai autobiographique permet de poser. C'est dans et par le texte que l'auteur se découvre, grâce à la **distanciation** qu'amène l'écriture ; il s'agit là d'une expérience que plusieurs d'entre nous ont faite avec un *journal*. L'exploration du JE peut aussi être rétrospective. **Qui ai-je été ?** se demande alors l'écrivain. À ces deux questions souvent inextricablement liées – la seconde éclairant la première –, il n'y a pas de réponse simple et univoque ; c'est en ce sens que l'essai est un **texte exploratoire** : il cherche, reprend, ajuste, revient sur ses pas ; il ne cherche pas tant à ordonner, à analyser qu'à comprendre. Cette recherche peut être introspective, intime, ou au contraire plus anecdotique, presque entièrement limitée à la narration d'événements. Mais même alors, au fil du texte, le **discours narratif**, celui qui raconte, s'interrompt et s'ouvre sur le **discours méditatif**, qui propose une réflexion.

Qui suis-je ?

L'essai autobiographique permet à l'auteur de plonger en lui-même ; grâce à lui, il en arrive à se connaître mieux, explorant ses motivations, ses sensations, revisitant les actions de la journée et celles – confondues – d'un passé proche ou lointain, chacune venant ainsi éclairer le présent.

Quand il se penche sur lui-même, l'essayiste semble toujours humble, soucieux de justifier son entreprise. Ainsi, il nous mettra souvent en garde dès l'abord : il ne montrera pas tout, sa plume ira errante, capricieuse et insoucieuse de logique et de méthode. Bien que l'essai ne soit jamais exhaustif, quand il se tourne vers le JE, la fragmentation du texte, ses zones d'ombre et de silence semblent plus apparentes encore. Et pourtant, quel est l'enjeu de l'essai autobiographique, sinon l'éternelle question de *Peer Gynt*[1] : « Qui suis-je, moi, l'homme véritable, l'homme entier ? » Ce que le lecteur voit apparaître au fil des pages, dans le désordre des pensées, révélée tant par les mots que par les événements évoqués, c'est l'entière vérité de l'être.

Qui ai-je été ?

L'essai autobiographique permet aussi de parler du passé, de ce qui a été, de ce qui existe encore par l'intermédiaire de la mémoire. Qui a été cet enfant, ce jeune homme, cette jeune femme que je ne suis plus ? demande l'essai. La réponse révèle les souvenirs en les faisant se dérouler, compose le passé en le mettant en mots, noir sur blanc, permet de le *re-connaître*.

En racontant le passé de cet *autre-qui-fut-lui-même*, l'écrivain se met en scène dans un univers qu'il ramène à la vie : il marche dans ses propres pas, en un certain sens. Mais on peut aussi dire que les traces qu'il laisse alors ne sont plus les mêmes, car le regard rétrospectif invente autant qu'il dévoile. Il y a donc, dans cet exercice, une part de fiction que la présence importante du discours narratif vient rendre plus visible.

Du reste, les deux questions entretiennent un lien étroit : en explorant le passé, n'éclaire-t-on pas le présent ? En posant la question « Qui ai-je été ? », ne répond-on pas aussi à l'interrogation « Qui suis-je ? », en mettant au jour les sources de notre présent ? Ce phénomène est très sensible dans le texte de Jacques Brault. Raconter un épisode de son passé permet de mettre au jour la source de ce qu'il est devenu ; malgré la distance temporelle, il n'y a pas de rupture entre le petit garçon et le poète. C'est là un des paradoxes de l'essai autobiographique, d'abolir la frontière entre passé et présent tout en marquant la présence de l'un et de l'autre.

La distanciation

Le concept de distanciation a été défini par Berthold Brecht, dramaturge allemand du XXᵉ siècle. La distanciation est présente quand, grâce au regard qu'on porte sur lui, on reconnaît un objet mais que, en même temps, on le perçoit comme différent, étranger ; c'est cette coexistence du connu et de l'inconnu qui est en cause. Dans l'essai autobiographique, ce terme désigne la distance critique qui s'installe entre le JE énonciateur et le JE énoncé, le JE sujet – celui qui parle – et le JE objet – celui dont on parle. On rejoint, ici, la déclaration de Rimbaud : JE est un autre. Par sa nature paradoxale, la distanciation favorise le questionnement. On le sent bien chez Gabrielle Roy, quand elle déclare : « Si bien que j'avais fini par trouver naturel, *je suppose*, que tous, plus ou moins, nous nous sentions étrangers les uns chez les autres [...] » Ce passage révèle que le JE énonciateur ne sait pas tout de cet autre lui-même dont il parle.

Un texte exploratoire

Même quand il veut rendre compte d'une expérience finie, l'essai est une expérience en lui-même ; c'est une aventure, une entreprise, et non l'exposé d'un résultat. Peu importe son sujet, il est de nature exploratoire, c'est-à-dire qu'il n'est pas gouverné par un désir de démonstration, mais par un désir de questionnement. Il erre pour mieux arpenter le sujet, mieux le faire *apparaître* : pour ce faire, il n'hésite pas à revenir sur ses pas, à changer de perspective grâce à des *digressions*. Ainsi, Monique Bosco saisit le prétexte de l'impatience pour se dérouter vers les fleurs du même nom. Cette parenthèse peut sembler gratuite, mais on constate plus loin que ces fleurs qui aiment l'ombre servent de tremplin pour replonger dans l'exploration de soi.

Ces changements brusques de sujets, ces parenthèses ouvertes puis fermées sans apparente justification, ces nombreux *déroutements* de l'essai lui donnent une grande part de sa force de vérité. L'écrivain qui parle de lui tente de tracer, de ligne en ligne et parfois d'une façon qui peut sembler erratique, un portrait le plus vrai possible de lui-même, dans toute son ambiguïté, dans toute son humanité. Cette exploration – et le *parcours digressif* qui la traduit – fait apparaître le lien organique entre toutes les actions, toutes les pensées d'un être. C'est pourquoi le texte prend souvent une tangente introspective, intime même. Cependant, même quand l'exploration demeure plus anecdotique, le discours méditatif* reste présent, l'événement ouvrant sur la réflexion.

Le discours narratif

Le discours narratif raconte. On le reconnaît à ce qu'il est centré sur un événement, un personnage ou des actions inscrites dans le temps et l'espace. Il s'inscrit dans la successivité et la causalité. C'est le discours du roman, de la nouvelle. Dans l'essai, le discours narratif s'appuie sur le pacte de vérité* : il implique un temps et un lieu véridiques. De même, il est ancré dans l'expérience d'une *personne* : l'auteur lui-même, non un être de fiction, mais un être de réalité.

Le discours méditatif

Le discours méditatif met en jeu des verbes différents en lien avec la réflexion : parler (mais alors, à qui l'auteur parle-t-il ? À lui-même ou à l'autre ?), commenter, rêver, spéculer, *jongler*, comme le disaient nos grands-mères. Ce discours explore le sens du réel, des sensations et des événements. Il est critique en ce sens qu'il permet d'*apprécier* la réalité, de la soupeser pour faire apparaître sa valeur de vérité, en quelque sorte. Mais il diffère profondément du discours analytique*, dans lequel on subdivise, découpe en parties pour mieux comprendre le tout ; dans le discours méditatif, on cherche au contraire à saisir le sens entier, le sens indivisible de son sujet. Ainsi, il a un rythme irrégulier, qui s'arrête et repart, et on ne peut deviner son point d'aboutissement, car, au fil de la plume, il laisse apparaître une réflexion qui n'a jamais fini d'embrasser son sujet. Il emploie le plus souvent le présent de l'indicatif.

Le texte de Grandbois nous offre un bon exemple de l'imbrication de ces deux types de discours, le narratif et le méditatif. Par nature – il est écrit en fonction d'une retransmission radio –, il s'adresse à quelqu'un. La narration de l'auteur est nourrie de cet échange imaginé entre lui et ses récepteurs ; à partir du présent qu'ils partagent, l'auteur reconstruit pour l'autre son passé. Mais, bien qu'il soit essentiellement narratif, le texte emprunte parfois le discours méditatif. Ainsi, quand l'auteur songe à *ce qu'il serait devenu si...*, au bénéfice de qui le fait-il ? Il ne tente plus, alors, de raconter au récepteur/lecteur ce que ce dernier n'a pas vu ; il tente plutôt de comprendre, par la spéculation du discours méditatif, l'être qu'il était.

Au Québec, de nombreux poètes et écrivains ont publié, à côté de leurs œuvres « régulières », des *mémoires,* une *autobiographie,* un *journal* ou des *souvenirs* qui viennent nourrir la connaissance que nous avons d'eux ; grâce à ces textes, nous pensons arriver à mieux comprendre des auteurs – et des œuvres – que nous aimons. L'essai, lieu d'exploration, ouvre alors une porte sur d'autres lectures.

Textes

1951   « Paris (2) » d'Alain Grandbois (t.c.)
1969   « Une grammaire du cœur » de Jacques Brault (t.c.)
1984   *La détresse et l'enchantement* de Gabrielle Roy (extr.)
1998   *Confiteor* de Monique Bosco (extr.)

Alain Grandbois

Le poète Alain Grandbois est né à Saint-Casimir de Portneuf, près de Québec, en 1900, dans une famille dont la richesse le libéra longtemps de l'obligation de gagner sa vie. Après des études en droit, il quitte le Canada pour près de vingt ans. Esprit cosmopolite et universel, Grandbois est un citoyen du monde, de la guerre d'Espagne et de la Chine lointaine – il y a publié ses premiers poèmes. Grand voyageur, il se trouve à Paris au temps de l'entre-deux-guerres mythique, celui de Picasso et d'Hemingway ; c'est là un milieu qu'il a fréquenté. Mais l'Orient l'attire également ; il y suit les traces de Marco Polo. Grandbois revient au Canada – à Montréal – au début de la Seconde Guerre mondiale. Les îles de la nuit, son recueil le plus connu, est publié en 1944 et fait sensation par sa modernité, lui assurant une place importante dans notre histoire littéraire. Ses recueils subséquents ne démentent ni son prestige ni sa singularité. Grandbois s'intéresse toute sa vie aux voyages et aux voyageurs : ses ouvrages sur Louis Jolliet (1933) et Marco Polo (1942) s'apparentent à la biographie romancée. Installé à Québec, il meurt en 1975.

En 1950, Grandbois est un poète célébré. De 1950 à 1952, il écrit pour la radio une série d'émissions d'un quart d'heure, proposant des portraits de différents pays ; elle connaît un certain succès et est saluée par la critique. Ces chroniques, écrites par Grandbois et lues par un comédien, furent publiées pour la première fois en 1969 sous le titre Visages du monde. Bien que la plupart du temps Grandbois propose des vignettes de nature assez informative, parcourues d'anecdotes sur ses propres voyages, certains de ces textes s'apparentent davantage à des mémoires ; c'est particulièrement le cas de celui que nous avons choisi. Dès l'abord, l'auteur plonge dans son passé et n'en ressort plus ; Paris ne nous est évoqué que par ses yeux de jeune homme plongé dans la bohème, dans la vie bouillonnante, dans la passion du présent.

Paris (2) — 1951

Lorsque j'évoque le Quartier latin, je me penche tout de suite sur quelques années de jeunesse lesquelles, malgré certains gaspillages nécessaires, ne m'ont pas encore fourni les éléments de sérieux regrets. Ces frasques légères, fort innocentes, et d'ailleurs inhérentes à l'âge béni que j'avais alors, n'étaient sans doute que le signe d'une vitalité qui ne savait comment s'exprimer autrement. Aujourd'hui, je possède encore l'opinion que l'on ne doit pas débuter dans l'existence avec un verre de lait à la main, un bonnet de coton sur le crâne, une bouillotte d'eau chaude sous l'édredon. Autant être nommé sénateur à vingt ans. Mais que deviendraient les sénateurs à quarante ans, s'ils n'avaient jamais connu la joie, ni goûté à une douce, mais passagère folie ?

J'ajoute ici que mes propos ne sont point destinés aux collégiens, ni aux fillettes fréquentant le couvent des Ursulines ou celui de Villa-Maria.

Or, j'étais venu poursuivre mes études de droit à Paris. Une façon de parler, naturellement, comme on le verra plus tard. J'avais obtenu ma licence à la faculté Laval de Québec, et quelques jours plus tard, j'étais admis, après examen, au barreau de la même ville. Avec succès. Je le dis sans vanité. Ce fut à ma grande surprise. Car je n'étais point rat des bibliothèques juridiques, et les illustres commentateurs de nos lois civiles et criminelles, et de la jurisprudence sacro-sainte, ne possédaient guère d'attraits pour moi.

Un mois plus tard, je partais pour la France, et je m'installai au Quartier latin. Je connaissais déjà la France pour y être venu avec mes parents. Cette fois, je me trouvais seul, petit jeune homme possédant son entière liberté, et plus libre que l'oiseau. (Car ce dicton, *libre comme l'oiseau*, est parfaitement faux, que peut faire en effet l'oiseau vis-à-vis du gel, de l'orage, de la famine, de l'épervier, de l'écureuil qui vient dévorer les œufs de son nid ?)

Je m'inscrivis à la Sorbonne, au cours de droit comparé. Bigre ! Par honnêteté, j'assistai à quelques leçons fort savantes, j'imagine, fournies par des professeurs fort considérés dans le monde universitaire, et je n'y retournai plus. Ces propos qui me séduisaient par leur intelligence, leur ingéniosité, leur admirable gymnastique, j'allais dire acrobatie, ne me touchaient pas. La seule partie du droit qui m'amusait était celle de son histoire, laquelle raconte, avec pathétisme, l'ascension de l'être humain vers la conquête de sa liberté et de sa dignité sociales. Ce n'était point une vue pratique. D'autre part, l'exercice de cette profession ne me séduisait pas. Mes propres ennuis – on en a à tout âge – m'éloignaient de m'occuper des conflits des autres. Aussi, n'ayant aucun goût ni aucun don pour les affaires, je n'aurais pu remplir le rôle de l'avocat de compagnies. Restait la pratique criminaliste. Je l'aurais aimée, jusqu'à un certain degré. Mes hésitations furent courtes. Il faut pour faire un bon avocat criminaliste des qualités que je ne possédais pas, et des défauts que je ne possédais pas davantage, défauts de grandes vedettes, grands effets de manchettes et pleurs à volonté. Et connaître, quoi qu'on dise, certains rudiments du code, et les jugements donnés, depuis plus d'un demi-siècle, par de hautes cours respectables et respectées.

Je laissai « tomber » l'école de droit. Peut-être ai-je eu tort ! Avec un peu de persistance, de légers sacrifices, et « *forçant* » ma nature, je serais peut-être aujourd'hui devenu un petit juge dans quelque circonscription de notre province, goûtant la paix et la sécurité. (Très relativement, comment peut-on prononcer le mot sécurité quand le monde nous menace de partout, et qu'une bombe atomique peut fort bien nous anéantir tous, millionnaires, médecins, industriels, juges, avocats, généraux, ministres, écrivains, cultivateurs, ouvriers ?)

Mais je reviens à cette période de l'entre-deux-guerres. Si je m'étais inscrit, avec peu d'enthousiasme, à la Sorbonne, je m'étais également inscrit à l'École libre des sciences sociales, nichée au bout de l'étroite rue de la Sorbonne. Cette atmosphère me plaisait, et des hommes sérieux venaient y donner des cours. La plupart d'entre eux avaient beaucoup voyagé, et réussissaient à nous fournir une sorte de paysage captivant de notre monde contemporain. Certains étaient connus, et même célèbres, comme, par exemple, André Siegfried. Je fréquentai l'École plutôt assidûment, quoique avec une certaine nonchalance. D'autres intérêts me portaient ailleurs, et la sociologie, l'économie politique, sans parler de l'économie tout court, n'ont jamais jamais été mon fort, ma corde. On a les cordes qu'on peut, il est difficile de remplacer celle d'une guitare ou d'une mandoline par celle d'une contrebasse ou d'un piano.

À l'École, au bout de deux ans de demi-absences, je dus présenter mon sujet de thèse. Pour obtenir le diplôme. Il fut accepté. Le sujet: Rivarol. Cela me stimula, et malgré mes distractions extérieures, j'allai avec régularité à la Bibliothèque nationale, et je rédigeai enfin cette thèse, qui fut acceptée, encore à mon grand étonnement.

Nous devions passer l'oral quelques semaines plus tard. L'oral n'est en somme qu'une formalité. Il est rare que l'on y soit recalé. Je suppose qu'il ne sert qu'à amuser les professeurs, avec la nervosité du candidat. C'est la revanche de l'âge mûr, ou de la vieillesse, d'ailleurs inconsciente et sans méchanceté réelle, sur la jeunesse de l'étudiant. Mais il arriva ceci. Huit jours avant cette comparution de routine, mais nécessaire – c'était vers la fin du mois de juin – des camarades m'invitèrent à les accompagner sur la Côte d'Azur. Il faisait beau, Paris ruisselait de l'or du soleil. Mais là-bas, devant cette mer admirable et bleue, le soleil devait être plus vif et plus brillant. La tentation fut trop forte, et j'y cédai. Et c'est pourquoi je n'obtins jamais le diplôme de l'École des sciences sociales. Et j'ai trahi Rivarol, et son *Petit dictionnaire des grands hommes de la Révolution*. M'en veut-il encore, dans ses Élysées ?

Les grandes écoles composent une grande partie, certes, du Quartier latin. La légende et la réalité de la Sorbonne sont bien établies et, sans elle, le Quartier n'existerait pas. Elle est immuable et, par son ancienneté et par la valeur unique de son enseignement, obtient ce prestige qu'aucune université du monde, Oxford y compris, ne peut égaler. Je le regrette, et malgré que je connusse son rayonnement, mes goûts ne m'entraînaient qu'avec peu de passion dans les bras de cette vieille grande dame vénérable. Je fréquentais plus volontiers les artistes. Je dessinais à la Chaumière, chez Colarossi. C'était à Montparnasse, bien sûr, mais à cette époque du moins, par une sorte d'osmose, Montparnasse faisait encore partie du Quartier latin. D'ailleurs, le merveilleux jardin du Luxembourg, lieu favori des étudiants, – surtout groupés autour de la fontaine Médicis – séparait seul le boulevard Saint-Michel, le Quartier latin de la rue Vavin, premier contrefort de Montparnasse. Dix minutes de promenade à petits pas, entre ces deux pôles, par le jardin, suffisaient pour établir la liaison. Après les séances de dessin et de peinture, c'étaient les terrasses de la Rotonde, du Dôme, du Select, et d'une foison de petits bistrots moins illustres où, mes camarades et moi, discutions à perte de vue sur les mérites de tel artiste ou sur la portée de telle forme d'art. (Tout cela, fort inutilement, il va sans dire.) Le peintre Modigliani venait d'être découvert par les marchands de tableaux ; il était mort depuis quelques années. Kisling brillait comme une étoile. Picasso continuait de faire du bruit, ayant abandonné son « époque mauve » pour plonger résolument dans l'abstraction. Derain construisait ses toiles comme un ingénieur construit des routes et des ponts. Dufy illuminait ses toiles par de subtiles taches roses ou vertes, assez vagues, mais les contournait, à la plume, du dessin le plus ferme et le plus précis qui pût exister. Il y avait mon ami Alfred Pellan, qui plongeait dans la peinture comme dans une piscine, et je persiste à croire qu'il est, au risque de me faire de nombreux ennemis, notre plus grand et notre plus somptueux peintre. Il y avait ce petit Juif polonais, pathétique, doué d'un génie bouleversant, qui donnait des fêtes fastueuses et tumultueuses dans son atelier de Montmartre. À l'apéritif, un midi, au café des Deux-Magots, nous apprîmes sa mort. Il s'était pendu. J'étais avec des camarades, et si ma mémoire est fidèle, il y avait là Marcel Dugas, Marcel Parizeau, Roy Royal, et des amis français. Nous l'avions tous connu. J'avais rencontré sa femme à plusieurs reprises, dont l'œuvre était fort appréciée, et qui s'est réfugiée plus tard dans un couvent de carmélites.

Il y avait le côté littéraire, qui m'éloignait davantage de mes études juridiques. La peinture me captivait, mais plus encore les lettres. Et nous attendions avec la plus grande impatience le dernier poème de Valéry, le dernier essai de Gide, le dernier roman de Mauriac, celui de Bernanos, celui de Malraux, le plus jeune d'entre eux, mais qui donnait l'impression de lancer des bâtons de dynamite dans un monde généralement bien construit, mais vermoulu.

Tout cela était exaltant. Avec un groupe de jeunes camarades, nous fréquentions aussi les coulisses des théâtres, parce que chacun de nous avait publié, dans quelque revue qui ne franchissait jamais son premier numéro, de médiocres poèmes ou de maladroits dessins. Mais cela pouvait suffire à nous donner accès aux loges des vedettes, courtement, mais surtout à ce monde bigarré, naïf, ambitieux, à la fois plein d'audace et de timidité, que forme le milieu des danseuses sans trop de talent, quoique fort jolies, et des soubrettes sans avenir, plus jolies encore. Je dois ajouter que nos intentions n'étaient point démoniaques. Ces entrées, qui nous flattaient, suffisaient à repousser le désespoir qui guette chaque artiste, chaque peintre, chaque poète, à la naissance de l'œuvre qu'ils doivent poursuivre. Elles nous donnaient un peu confiance en nous-mêmes, ce dont nous avons tous, à cet âge, grandement besoin. Aussi, à un âge plus avancé, et peut-être à tous les âges. Le métier de la création est le plus dur qui soit, le plus angoissant. Toujours cette crainte de faire fausse route, de se tromper. Quand le public est invité à une première de théâtre, à un cocktail d'écrivain, à un vernissage de peintre, il ne soupçonne pas l'inquiétude qui étreint celui que l'on fête.

Bref, et pour ces diverses raisons, je ne fus pas très fidèle à la Sorbonne. Là n'était pas ma vocation.

Je viens de vous apporter des notes peut-être trop personnelles du célèbre Quartier. Une autre fois, si vous me le permettez, je tenterai de vous en faire une description plus objective. Car il possède son histoire, son influence et sa beauté, qui demeurent inoubliables.

Visages du monde, p. 436-442.
© Succession Alain-Grandbois, 1990.

Des questions pour lire et analyser, réfléchir et mettre en parallèle

Lire et analyser

1. Repérez dans le texte les marques qui soulignent la distance entre le JE énonciateur et le JE énoncé et réfléchissez sur la nature de ces marques.

2. La fonction exploratoire du texte, son désir de répondre à la double question « Qui suis-je ? », « Qui ai-je été ? » se manifeste à plusieurs endroits. De quelle façon ?

3. Repérez les passages où le discours méditatif est présent. Observez les enjeux thématiques et les caractéristiques narratives de ces passages.

4. Observez les champs lexicaux qui permettent de mieux voir quelles valeurs Grandbois attache à sa jeunesse.

Réfléchir

1. Comment le texte marque-t-il, malgré son sujet, son appartenance à la culture canadienne-française (le terme *culture québécoise* n'était pas employé en 1950) ?

2. Le Paris de Grandbois semble une ville dynamique, en mouvement. À quoi tient cette image, selon vous ? Justifiez votre réponse par des faits de texte.

3. On associe souvent la jeunesse à la passion. Pensez-vous que le texte de Grandbois reflète cette idée ?

Mettre en parallèle

1. Comparez ce portrait d'une jeunesse avec celui d'un autre auteur que vous avez lu ; pouvez-vous tracer des parallèles en ce qui regarde les événements évoqués ? le ton employé ?

2. Paris, tel qu'il est évoqué indirectement par Grandbois, est-il comparable à la vision qu'en donnent d'autres auteurs que vous connaissez ?

Lectures convergentes

Sur la vision de la ville :
Bonheur d'occasion de Gabrielle Roy
Trente arpents de Ringuet

Sur la vision de Paris :
Des nouvelles d'Édouard de Michel Tremblay
Salut Galarneau ! de Jacques Godbout

Sur le voyage et l'Europe, un essai contemporain de celui de Grandbois :
Au-delà des Pyrénées de Paul Toupin

Jacques Brault

Brault naît dans la métropole en 1933, dans une famille modeste. Pour pouvoir étudier, il se fait manœuvre, débardeur. À la fin de ses études en philosophie et en littérature, il devient professeur à l'Université de Montréal. Brault est d'abord connu comme poète, mais son exploration de la parole transcende les limites des genres. Il chante le quotidien, l'intime, l'engagement. Comme celle de Grandbois, son œuvre – encore dans sa pleine maturité – est un phare de notre littérature et a été couronnée par de nombreux prix, dont le prix David du Québec et deux fois celui du Gouverneur général.

Collaborateur à la revue Liberté *et chroniqueur à Radio-Canada, Jacques Brault est un essayiste prolifique : plusieurs ouvrages rassemblent les textes où il propose des réflexions sur la vie, la mort, la poésie, mais aussi sur la politique et sur d'autres écrivains, d'autres œuvres. On reconnaît dans ces essais le critique, le lecteur, et surtout le poète qui, citant Kafka, écrit : « Chaque fois que nous nous exprimons sans artifice, sans vouloir "faire profond" ou "faire peuple", nous sommes "la hache qui brise la mer gelée en nous". »*

Une grammaire du cœur — 1969

À Gilles Archambault

Dans mon enfance, il n'y avait qu'un livre : l'*Almanach du peuple*. Mes parents, mes frères, ma sœur, moi-même et les familles des alentours, nous lisions aussi les « comics » du dimanche. Nous étions pauvres et nous n'avions pas les moyens de faire des histoires pour un oui ou pour un non. Un monde partagé de vrais rires et de vraies larmes habitait les saisons de la rue. Monde illettré, donc sans commentaires à se fendre en quatre. Le temps tremblait pourtant, il oscillait entre la dépression économique et les fascismes de tout poil. Au quartier des petites gens, nous nous débrouillions pour survivre, sans héroïsme et sans mensonge.

Puis ça m'est arrivé, tout d'un coup : une blessure inguérissable. La voisine du haut, avec qui je filais le pur amour (nous avions huit-neuf ans) m'annonça qu'elle devait bientôt déménager. Le printemps tirait à sa fin. Nous fûmes un soir à notre dernier rendez-vous. Au fond de la cour, à l'abri des adultes et parmi les premiers pissenlits, nous nous sommes juré ce que seuls peuvent se jurer des enfants qui s'aiment. L'unique nécessaire, une folie. Je n'ai pas oublié Pauline. La violence, depuis, a succédé à la bêtise, j'ai mûri tant bien que mal, moi aussi j'ai déménagé, plusieurs fois, je n'ai pas revu Pauline, je ne l'ai pas oubliée.

Elle m'avait laissé en partant une vieille grammaire française que j'affectionnais pour sa couverture de toile grise portant l'effigie de Peau d'âne et une légende : « Sous la grammaire se cache la langue ». Après chaque règle, expliquée avec la sécheresse voulue, on citait deux ou trois exemples. L'un de ceux-ci m'a bouleversé. Pour la vie. Pour toujours. *Il pleure dans mon cœur comme il pleut sur la ville*. Verlaine, le plus grand des poètes mineurs, venait de m'embarquer dans une aventure interminable. Que c'était beau, cette chose-là. Même avec Pauline, au meilleur de notre joual secret, je n'avais entendu pareille comparaison. Et je pleurais sous le soleil, je pleurais sans pouvoir m'expliquer si réellement je perdais ou gagnais le sens de ma vie. Voilà comment très tôt se sont liés en moi, formant une même passion, l'amour et la poésie. Désormais le reste n'aurait plus d'importance.

J'ai dévoré des tas de livres, j'ai appris à écrire, je continue cet apprentissage. Il paraît qu'avant longtemps il n'y aura plus de lecteurs. Alors, je me dis que tout n'est pas perdu. Un de ces quatre matins, je me réveillerai sans plus aucun souci de littérature. Mine de rien, sans bruit, j'écrirai. Quelques lignes, peut-être un exemple de grammaire. Et toutes les grammaires auront disparu, sauf la mienne, exposée sous vitrine dans un musée désert. Donc j'écrirai comme on chante quand on est certain que personne n'écoute. Et nul ne me demandera : « Qu'est-ce ? » ou « Pourquoi ? » Ce sera parfait d'écrire ainsi, ce sera inutile comme tout ce qui est rigoureusement vrai, ce sera comme l'amour-la poésie : vécu, sans savoir. Et Pauline et moi, lors du dernier déménagement, nous nous retrouverons, par hasard, par plaisir, comme dans les livres non écrits que nous lisions épaule contre épaule.

Mais en attendant ? Je n'attends pas. J'écris. Je marche avec les autres vers cette existence possible. Aux pires moments, les creux tout en vertige, les pleins d'angoisse à craquer, je m'étonne de croire encore que tout ça, l'après comme l'avant, ailleurs comme ici, c'est un bonheur de le vivre – seuls et ensemble. Alors j'écris tout ça, des papiers mêlés, passibles de malentendus ; toujours lisibles, hélas.

Car j'écris pour arriver un jour à écrire quelque chose de si invisiblement beau qu'il sera superflu de le lire.

Chemin faisant, p. 17-18.
© Éditions du Boréal, 1994.

Des questions pour lire et analyser, réfléchir et mettre en parallèle

Lire et analyser

1. Repérez les passages qui mettent en jeu le discours narratif.
2. Cette écriture manifeste un certain lyrisme. Trouvez-en les marques et justifiez votre choix.
3. Comment le JE se peint-il ici ? Tracez-en le portrait.
4. En parlant de son enfance, Brault aborde plusieurs thèmes. Retrouvez-les.

Réfléchir

1. Le but du texte est-il de jeter un regard sur le passé ? Essayez de définir le projet de cet essai.

2. Diriez-vous que ce texte est exploratoire ? Justifiez votre réponse.

3. Brault fait ici un certain usage du paradoxe. En quoi cela éclaire-t-il son projet ?

Mettre en parallèle

1. Comparez les regards que Brault et Grandbois (p. 18) posent sur leur passé. Diriez-vous qu'ils y attachent les mêmes valeurs ?

2. Examinez les deux textes et comparez les techniques de narration employées par les auteurs pour évoquer leur passé.

3. Les deux textes ont un regard rétrospectif, à partir d'un « aujourd'hui » non défini. Étudiez le JE énonciateur : Grandbois et Brault se positionnent-ils de la même manière dans le présent ?

Lectures convergentes

Pour mieux comprendre le milieu dépeint ici :
Les soirs rouges de Clément Marchand (prix David 1939)

Sur la lecture et l'écriture :
Un ange cornu avec des ailes de tôle de Michel Tremblay
Le passage de l'Indiana de Normand Chaurette

Sur l'enfance et l'arrachement :
Pieds nus dans l'aube de Félix Leclerc
L'avalée des avalés de Réjean Ducharme
Les poésies d'Émile Nelligan

Gabrielle Roy

Gabrielle Roy est née en 1909 au Manitoba ; en ce sens, elle est d'abord – et s'est longtemps définie comme – une écrivaine canadienne. Mais son installation définitive au Québec – elle mourra dans la capitale en 1983 – lui permet d'établir de nouvelles racines, comme elle-même le constatera à la fin de sa vie. Elle commence comme journaliste pour le Bulletin des agriculteurs ; *plusieurs de ses reportages – dont des portraits des différents peuples du Canada – sont regroupés sous le titre* Fragiles lumières de la terre. *En 1947, le prix Fémina, pour* Bonheur d'occasion, *signale le début d'une carrière exceptionnelle et d'une longévité remarquable. Son œuvre est essentiellement narrative :* La petite poule d'eau, Ces enfants de ma vie, Cet été qui chantait *racontent tous la vie simple, presque banale, de personnages dont la profonde humanité nous touche et nous retient, bien après que nous avons refermé le livre.*

*Comme de nombreux observateurs l'ont remarqué, il y a toujours
eu, dans les romans de Gabrielle Roy, une part de réalité, mais
transformée, sublimée par la fiction. Cependant, en 1984, quand
paraît à titre posthume son autobiographie,* La détresse et l'enchantement, *la critique est éblouie : l'écrivaine a signé là son chef-
d'œuvre. C'est un extrait de cet ouvrage que nous proposons.
Nous sommes au tout début du livre, alors que la petite Gabrielle
s'éveille au sentiment de sa différence.*

La détresse et l'enchantement — 1984

Quand donc ai-je pris conscience pour la première fois que j'étais, dans mon
pays, d'une espèce destinée à être traitée en inférieure ? Ce ne fut peut-être pas,
malgré tout, au cours du trajet que nous avons tant de fois accompli, maman et
moi, alors que nous nous engagions sur le pont Provencher au-dessus de la
Rouge, laissant derrière nous notre petite ville française pour entrer dans
Winnipeg, la capitale, qui jamais ne nous reçut tout à fait autrement qu'en
étrangères. Cette sensation de dépaysement, de pénétrer, à deux pas seulement de
chez nous, dans le lointain, m'était plutôt agréable, quand j'étais enfant. Je crois
qu'elle m'ouvrait les yeux, stimulait mon imagination, m'entraînait à observer.

Nous partions habituellement de bonne heure, maman et moi, et à pied quand
c'était l'été. Ce n'était pas seulement pour économiser mais parce que nous étions
tous naturellement marcheurs chez nous, aimant nous en aller au pas, le regard
ici et là, l'esprit où il voulait, la pensée libre, et tels nous sommes encore, ceux
d'entre nous qui restent en ce monde.

Nous partions presque toujours animées par un espoir et d'humeur gaie.
Maman avait lu dans le journal, ou appris d'une voisine, qu'il y avait solde, chez
Eaton, de dentelle de rideaux, d'indienne propre à confectionner tabliers et
robes d'intérieur, ou encore de chaussures d'enfants. Toujours, au-devant de
nous, luisait, au départ de ces courses dans les magasins, l'espoir si doux au cœur
des pauvres gens d'acquérir à bon marché quelque chose de tentant. Il me
revient maintenant que nous ne nous sommes guère aventurées dans la riche
ville voisine que pour acheter. C'était là qu'aboutissait une bonne part de notre

argent si péniblement gagné – et c'était le chiche argent de gens comme nous qui faisait de la grande ville une arrogante nous intimidant. Plus tard, je fréquentai Winnipeg pour bien d'autres raisons, mais dans mon enfance il me semble que ce fut presque exclusivement pour courir les aubaines.

En partant, maman était le plus souvent rieuse, portée à l'optimisme et même au rêve, comme si de laisser derrière elle la maison, notre ville, le réseau habituel de ses contraintes et obligations, la libérait, et dès lors elle atteignait l'aptitude au bonheur qui échoit à l'âme voyageuse. Au fond, maman n'eut jamais qu'à mettre le pied hors de la routine familière pour être aussitôt en voyage, disponible au monde entier.

En cours de route, elle m'entretenait des achats auxquels elle se déciderait peut-être si les rabais étaient considérables. Mais toujours elle se laissait aller à imaginer beaucoup plus que ne le permettaient nos moyens. Elle pensait à un tapis pour le salon, à un nouveau service de vaisselle. N'ayant pas encore entamé la petite somme dont elle disposait pour aujourd'hui, celle-ci paraissait devoir suffire à combler des désirs qui attendaient depuis longtemps, d'autres qui poussaient à l'instant même. Maman était de ces pauvres qui rêvent, en sorte qu'elle eut la possession du beau bien plus que des gens qui l'ont à demeure et ne le voient guère. C'était donc en riches, toutes les possibilités d'achat intactes encore dans nos têtes, que nous traversions le pont.

Mais aussitôt après, s'opérait en nous je ne sais quelle transformation qui nous faisait nous rapprocher l'une de l'autre comme pour mieux affronter ensemble une sorte d'ombre jetée sur nous. Ce n'était pas seulement parce que nous venions de mettre le pied dans le quartier sans doute le plus affligeant de Winnipeg, cette sinistre rue Water voisinant la cour de triage des chemins de fer, toute pleine d'ivrognes, de pleurs d'enfants et d'échappements de vapeur, cet aspect hideux d'elle-même que l'orgueilleuse ville ne pouvait dissimuler à deux pas de ses larges avenues aérées. Le malaise nous venait aussi de nous-mêmes. Tout à coup, nous étions moins sûres de nos moyens, notre argent avait diminué, nos désirs prenaient peur. Nous atteignions l'avenue Portage, si démesurément déployée qu'elle avalait des milliers de personnes sans que cela y parût. Nous continuions à parler français, bien entendu, mais peut-être à voix moins haute déjà, surtout après que deux ou trois passants se furent retournés sur nous avec une expression de curiosité. Cette humiliation de voir quelqu'un se retourner sur moi qui parlais français dans une rue de Winnipeg, je l'ai tant de fois éprouvée au cours de mon enfance que je ne savais plus que c'était de l'humiliation. Au reste, je m'étais moi-même retournée fréquemment sur quelque immigrant au doux parler slave ou à l'accent nordique. Si bien que j'avais fini par trouver naturel, je suppose, que tous, plus ou moins, nous nous sentions étrangers les uns chez les autres, avant d'en venir à me dire que, si tous nous l'étions, personne ne l'était donc plus.

C'était à notre arrivée chez Eaton seulement que se décidait si nous allions oui ou non passer à la lutte ouverte. Tout dépendait de l'humeur de maman. Quelquefois elle réclamait un commis parlant notre langue pour nous servir. Dans nos moments patriotiques, à Saint-Boniface, on prétendait que c'était notre droit, et même de notre devoir de le faire valoir, qu'à cette condition nous obligerions l'industrie et les grands magasins à embaucher de nos gens.

Si maman était dans ses bonnes journées, le moral haut, la parole affilée, elle passait à l'attaque. Elle exigeait une de nos compatriotes pour nous venir en aide. Autant maman était énergique, autant, je l'avais déjà remarqué, le chef de rayon était obligeant. Il envoyait vite quérir une dame ou une demoiselle une telle, qui se trouvait souvent être de nos connaissances, parfois même une voisine. Alors s'engageait, en plein milieu des allées et venues d'inconnus, la plus aimable et paisible des conversations.

— Ah! madame Phaneuf! s'écriait maman. Comment allez-vous? Et votre père? Vit-il toujours à la campagne?

— Madame Roy! s'exclamait la vendeuse. Vous allez bien? Qu'est-ce que je peux pour vous? J'aime toujours vous rendre service.

Nous avions le don, il me semble, pauvres gens, lorsque rendus les uns aux autres, de retrouver le ton du village, de je ne sais quelle société amène d'autrefois.

Ces jours-là, nous achetions peut-être plus que nous aurions dû, si réconfortées d'acheter dans notre langue que l'argent nous filait des mains encore plus vite que d'habitude.

Mais il arrivait à maman de se sentir vaincue d'avance, lasse de cette lutte toujours à reprendre, jamais gagnée une fois pour toutes, et de trouver plus simple, moins fatigant de « sortir », comme elle disait, son anglais.

Nous allions de comptoir en comptoir. Maman ne se débrouillait pas trop mal, gestes et mimiques aidant. Parfois survenait une vraie difficulté comme ce jour où elle demanda « a yard or two of chinese skin to put under the coat... », maman ayant en tête d'acheter une mesure de peau de chamois pour en faire une doublure de manteau.

Quand un commis ne la comprenait pas, il en appelait un autre à son aide, et celui-là un autre encore, parfois. Des « customers » s'arrêtaient pour aider aussi, car cette ville, qui nous traitait en étrangers, était des plus promptes à voler à notre secours dès que nous nous étions reconnus dans le pétrin. Ces conciliabules autour de nous pour nous tirer d'affaire nous mettaient à la torture. Il nous est arrivé de nous esquiver. Le fou rire nous gagnait ensuite à la pensée de ces gens de bonne volonté qui allaient continuer à chercher à nous secourir alors que déjà nous serions loin.

Une fois, plus énervée encore que de coutume par cette aide surgie de partout, maman, en fuyant, ouvrit son parapluie au milieu du magasin que nous avons parcouru au trot, comme sous la pluie, les épaules secouées de rire. À la sortie seulement, puisqu'il faisait grand soleil, maman s'avisa de fermer son parapluie, ce qui donna à l'innocente aventure une allure de provocation. Ces fous rires qu'elle me communiquait malgré moi, aujourd'hui je sais qu'ils étaient un bienfait, nous repêchant de la tristesse, mais alors j'en avais un peu honte.

Après le coup du parapluie, un bon moment plus tard, voici que je me suis fâchée contre maman, et lui ai dit qu'elle nous faisait mal voir à la fin, et que, si toutes deux riions, nous faisions aussi rire de nous.

À quoi maman, un peu piquée, rétorqua que ce n'était pas à moi, qui avais toutes les chances de m'instruire, de lui faire la leçon à elle qui avait tout juste pu terminer sa sixième année dans la petite école de rang à Saint-Alphonse-de-Rodriguez, où la maîtresse elle-même n'en savait guère plus que les enfants, et comment l'aurait-elle pu, cette pauvre fille qui touchait comme salaire quatre cents dollars par année. Ce serait à moi, l'esprit agile, la tête pas encore toute cassée par de constants calculs, de me mettre à apprendre l'anglais, afin de nous venger tous. (Plus tard, quand je viendrais à Montréal et constaterais que les choses ne se passaient guère autrement dans les grands magasins de l'ouest de la ville, j'en aurais les bras fauchés, et le sentiment que le malheur d'être Canadien français était irrémédiable.)

Jamais maman ne m'en avait dit si long sur ce chapitre. J'en étais surprise. Je crois avoir entrevu pour la première fois qu'elle avait cruellement souffert de sa condition et ne s'était consolée qu'en imaginant ses enfants parvenus là où elle aurait voulu se hausser.

[…]

La détresse et l'enchantement, p. 11-15.
© Fonds Gabrielle-Roy, 1984.

Des questions pour lire et analyser, réfléchir et mettre en parallèle

Lire et analyser

1. Relevez les marques textuelles qui traduisent la mission exploratoire de l'essai.
2. Étudiez les variations de la valeur du NOUS dans ce texte.
3. Le texte explore le thème de la différence. Observez comment ce thème est repris et renforcé par le travail stylistique.

Réfléchir

1. Quelle image ce texte donne-t-il du sort des Canadiens français au Manitoba ?
2. Quelles sont les valeurs qui sont ici attachées à la langue ?
3. En racontant son périple, quelle vision Gabrielle Roy propose-t-elle de la famille ?

Mettre en parallèle

1. Comparez les textes de Roy et de Grandbois (p. 18). Peut-on tracer des parallèles entre ces deux étrangers au cœur d'une ville qui n'est pas la leur ?
2. Analysez la position du JE dans les textes de Roy et de Brault (p. 24) ; diriez-vous que leur regard est nostalgique ? Justifiez votre réponse.
3. Les textes de Roy et de Brault abordent tous les deux le thème de la complicité ; comparez-en le traitement.

Lectures convergentes

Sur l'enfance et la langue :
Du sommet d'un arbre d'Yves Beauchemin

Sur le thème de la différence :
Les lettres chinoises de Ying Chen
Le souffle de l'Harmattan de Sylvain Trudel
Le figuier enchanté de Marco Micone

Monique Bosco

Monique Bosco s'est fait connaître comme romancière au début des années 60. Née en Autriche en 1927 et de confessionnalité juive, elle a connu l'occupation de la France par les Allemands avant d'émigrer au Canada en 1948. Son premier roman, Un amour maladroit, *paru en 1961, évoque ces événements. L'écrivaine étudie en littérature et sa thèse de doctorat portera sur l'isolement dans le roman canadien-français. À la fois journaliste et professeure, elle a travaillé pour la télévision et pour la presse. Monique Bosco est également poète. En 1996, elle a reçu le prix Athanase-David pour l'ensemble de son œuvre.*

Confiteor *semble, dans celle-ci, une parenthèse et un aboutissement. Dans cet essai qui est surtout, comme son titre l'indique, une confession, Bosco explore, avec tendresse et parfois avec un détachement presque goguenard, le déclin de sa propre vie et le contraste absurde qu'il offre avec les sources encore jaillissantes de l'être.*

Confiteor — 1998

[...]

Il est difficile de ralentir le pas, de refréner ses impatiences, car il n'est pas exact que l'impatience s'émousse avec tout le reste. Je dirais même qu'au contraire, alors que tout se rapetisse, s'éteint, s'amenuise, l'impatience semble prendre toujours plus de place dans nos vies, elle s'étale comme une mauvaise herbe à qui on n'a pas fait suffisamment la guerre et la chasse et, profitant de notre inattention, elle a pris la place laissée vacante. D'ailleurs les impatiences sont des fleurs qui sont devenues populaires et on en trouve désormais dans tous les jardins et de toutes les nuances. Donc, pour remplacer mes pauvres géraniums gelés, je pourrai en planter la saison prochaine, évidemment si Dieu me prête vie. Est-ce que je le souhaite vraiment? Il me semble que non, parfois, et je ne suis pas certaine de vraiment vouloir planter des impatiences dans mon jardin. Je me méfie de leur prédilection pour l'ombre, ce refus d'affronter le soleil, de leur façon de jouer les roses mijaurées pâles, sans odeur ni parfum et j'ai tant admiré le sauvage désir de durer des géraniums de cet été que je viens tout juste de les couper à ras, dans le fol espoir qu'ils accepteront de ressusciter au printemps, défiant toutes les règles jardinières, et qu'ils m'offriront le sublime cadeau d'une espérance enfantine enfin réalisée. Quand j'y pense – et je n'en suis pas toujours certaine – je crois me souvenir que j'ai aussi été une enfant croyante et docile, rêveuse, prête à faire confiance alors que la nature que je me reconnais aujourd'hui est aux antipodes de celle-là. Mais plus j'essaie de déchiffrer ce qui fut mon propre destin, ma vraie « nature de Bernadette », plus je m'aperçois que je ne suis pas le meilleur Champollion pour déchiffrer mes propres hiéroglyphes. Mais pour en revenir au miracle des géraniums, j'ai été saisie de voir qu'ils sont morts en fleurissant encore et qu'ils portaient encore, vivantes, quelques fleurs, et que, même, ils respiraient encore une tenace odeur de vie, cette fragrance si caractéristique et tenace, inconnue aux autres espèces, et que je trouve si émouvante et qui me rappelle tant de souvenirs d'été, d'odeurs du Midi et de Provence.

Mais aujourd'hui, je vais essayer de ne pas me dérober, encore une fois, à ce qui m'attend, encore et toujours, cet examen de conscience que je remets chaque fois que je le peux, et même quand je ne le peux et ne le veux pas. Il est dur de se juger – et je pense que l'on a nommé des juges pour le faire, et des cours de justice, et au-dessus d'elles une cour suprême, et on voit bien que là non plus on n'obtient jamais la rassurante unanimité qui pourrait nous convaincre de l'infaillibilité de ses édits.

Je ne cherche plus, comme dans ma jeunesse, à affirmer avec assurance ce qui était le bien et le beau, le juste et l'injuste. De là me vient peut-être cette monstrueuse impatience qui me saisit si souvent, m'empêche de vivre, de sortir, de dormir, de respirer. Quelle étonnante impatience nous saisit – et je suis certaine de ne pas être seule à en souffrir dans cet âge d'or où nous sommes confinés jusqu'à ce que mort s'ensuive – parce que l'âge nous oblige à tout faire avec « modération » – (et même si les annonces publicitaires de bière ou d'alcool veulent nous convaincre que la modération est bien meilleure et a meilleur goût) nous savons bien, nous, dont les mouvements sont plus lents, plus mesurés, qu'il est plus amusant d'aller vite, en courant, là où notre cœur ou notre désir nous appellent. Et à force de compter nos pas, de mesurer nos gestes, il est dur, dur, dur, de continuer à aller droit sur notre chemin – et tous les chemins ne mènent plus à Rome mais à toutes sortes de sens interdits, de voies sans issue, de culs-de-sac. Alors les sages créatures que nous devrions être devenues se métamorphosent en harengères grognonnes, vitupérant tout ce qui ose se planter sur notre chemin, nous barrant la route, et nous devenons d'autant plus grincheuses que la force, l'adresse, la souplesse nous manquent et que nous ne faisons plus peur à personne. Et les mauvais jours, je me jure de m'acheter une canne pour faire de grands moulinets, et de jouer les fées Carabosse à la perfection.

Toute réflexion faite, je crois que je puis vraiment me confesser pour ma mortelle impatience, mais je ne suis pas certaine d'avoir le ferme propos de m'en corriger.

Voilà bien le drame, le petit drame si on veut, de cette confession. Car à quoi bon se confesser, mon Père, je m'accuse, car j'ai beaucoup péché, en parole, en action, beaucoup péché en vérité, et je m'en accuse, mais je ne me repens pas. Quel est-il ce vrai repentir qui seul devrait nous permettre de nous approcher du confessionnal ? Je ne suis pas certaine de le connaître. Je me lamente, je déplore ce que j'ai pu commettre tout au long de ma vie mais je sais, là où j'ai si peur de m'aventurer, que ce n'est pas un vrai repentir qui me pousse à extraire, petit à petit, douloureusement, ces quelques fragments de mon passé qui choisissent parfois de remonter à la surface. Quand donc osons-nous, vraiment, descendre dans ce monde de ténèbres qui nous environnent ?

Il fait si beau, aujourd'hui, dans ce froid éclatant, avec un soleil qui brille-brûle à nous faire mal aux yeux, si beau, si clair qu'il est incroyable de croire que dans quelques heures à peine nous serons en pleine nuit. Et maintenant comme alors je n'aurai pas le courage de me retourner, de m'enfoncer, d'aller chercher ces traits minuscules, ces petits fragments d'existence qui ne furent pas rêvés mais mal vécus, pas assumés, ces trahisons minuscules dont une vraie confession devrait être truffée. Non, je ne le ferai pas car je ne peux encore m'engager sur le vrai chemin, la voie droite, et je vais trouver l'alibi rassurant d'un chemin de traverse, emprunter ce qui s'offrira à ma vue.

[...]

Confiteor, p. 102-105.
© Hurtubise HMH, 1998.

Des questions pour lire et analyser, réfléchir et mettre en parallèle

Lire et analyser

1. Analysez les différentes valeurs du NOUS que l'on trouve dans cet extrait : qui désigne-t-il ?

2. Quels procédés stylistiques viennent ici souligner le caractère exploratoire de l'essai ?

3. Dressez le parcours digressif du texte.

Réfléchir

1. « La vieillesse est un naufrage », disait de Gaulle. Ce texte donne-t-il de la vieillesse une vision semblable ?

2. Dans ce texte, quelles relations le présent entretient-il avec le passé ? Justifiez votre réponse par des observations textuelles.

3. Dans quelle mesure les digressions permettent-elles d'éclairer le projet du texte ?

Mettre en parallèle

1. Comparez le ton de cet essai et celui d'*Une grammaire du cœur* (p. 24) ; offrent-ils des ressemblances ?

2. Relisez les textes de Bosco et de Roy (p. 27) ; diriez-vous que ces deux extraits, grâce à l'exploration du JE, posent des questions qui touchent le lecteur ?

Lectures convergentes

Sur le questionnement intérieur :
Dictionnaire de moi-même de Jean Éthier-Blais

Sur le retour sur le passé :
Miroirs de Rina Lasnier
Le récit d'une émigration de Fernand Dumond
Albertine en cinq temps de Michel Tremblay

Petits problèmes de sortie[2]...

1. « Regarder en arrière est toujours imprudent. Quel milieu du jour est comparable au matin ? ». Examiner les textes lus à la lumière de ce constat qu'Adrienne Choquette livre dans *La coupe vide*. Y trouve-t-il des échos ?

2. « Comme c'est difficile, dans le fond, de se prévaloir du vrai pour inventer la vérité même. » Cet axiome de Jean Basile semble définir la dimension exploratoire de l'essai ; commentez-le en vous appuyant sur les textes lus jusqu'ici dans ce chapitre.

Chapitre 2

L'essai comme lieu et outil de pensée : la leçon de Montaigne

Si l'essai autobiographique pose la question « Qui suis-je ? » annonçant un projet introspectif, le texte peut aussi poser une autre question : « *Que* suis-je ? » Cette petite variation du pronom interrogatif modifie de façon considérable l'enjeu central du texte. Ce qu'elle dit, c'est : de quoi suis-je fait, moi, non en tant qu'*ego* anecdotique, mais bien plutôt moi en tant qu'*individu* (c'est-à-dire l'une des unités dont se compose une société, nous dit le *Robert*), un individu singulier, certes, mais défini par le monde auquel il appartient ? Que suis-je, moi, partie prenante de l'espèce humaine ? Cette variation du pronom convie donc le lecteur à une réflexion sur l'être et sur le monde, dans leurs dimensions universelles.

Cette conception de l'essai remonte à son origine, à l'ouvrage qui, il y a plus de quatre cents ans, a donné son nom au genre : *Les Essays* de Michel de Montaigne. C'est lui qui, la première fois, a posé l'acception moderne du genre que nous appelons maintenant l'*essai*, en déclarant dans son adresse au lecteur : « Je suis moi-même la matière de mon livre. » L'étymologie nous aide à mieux comprendre la portée de cette déclaration : *matière* a d'abord signifié *bois de construction* ; le JE n'est donc pas, ici, un *sujet*, ce sur quoi s'exerce la réflexion, mais le *matériau* avec lequel se bâtit la réflexion sur un sujet ou un autre. On parle donc d'un texte personnel, pleinement subjectif, où le JE regarde le monde et

s'efforce de le comprendre, pour mieux se saisir lui-même.
Mais en ajoutant que « chaque homme porte la forme entière
de l'humaine condition »[1], Montaigne élargit la portée de son
texte : **en réfléchissant sur lui-même et sur le monde, il
offre au lecteur un miroir** où celui-ci peut se reconnaître.

> **Michel Eyquiem, dit Michel de Montaigne**, a vécu en France,
> près de Bordeaux, au XVIe siècle, pendant la Renaissance.
> Son époque est marquée par de sanglants conflits religieux qui
> déchirent le pays. Sa propre vie est mêlée d'assez près aux
> enjeux politiques de son temps : juriste de formation, il est
> membre du Parlement puis maire de sa ville, et remplit quelques
> missions diplomatiques pour le roi de France. Ce contexte agité
> était sans doute favorable à la réflexion ; Montaigne entame – dès
> 1572, croit-on – la rédaction des trois tomes de ses Essays, où il
> veut faire l'essai de toutes les facultés qui sont en lui, la capacité
> de penser comme celle de ressentir. En adoptant la devise
> Que sais-je ?, il montre que son texte ne livrera pas une vérité
> toute faite, LA vérité du monde ; il la cherchera plutôt, édifiant
> au fil des pages une vérité singulière et, ce faisant, parlant de lui-
> même autant que de son objet premier. Cet objectif de recherche
> fondé sur une subjectivité assumée fait de lui le précurseur
> de l'essai moderne.

La devise de Montaigne définit la mission de l'essai : **sa
raison d'être est la réflexion.** En effet, l'attitude d'interrogation est à la base de l'essai : le discours y est spécu-
latif en ce sens qu'il examine, qu'il réfléchit sur tout sujet
qu'il juge digne d'attention. Le titre d'essai philosophique
est le plus souvent accolé à l'essai quand, suivant les
traces de Montaigne, il tente, avec modestie il est vrai,
de mieux cerner les fondements des valeurs humaines.
On le qualifie également d'*essai littéraire* parce que
l'écriture y est, plus encore qu'ailleurs, génératrice de
sens ; elle met au monde la pensée. Le dadaïste Tristan
Tzara défiait les bourgeois avec sa boutade : « La pensée
se fait dans la bouche » ; à sa façon tranquille, l'essai
relève ce défi puisque, à beaucoup d'égards, **le texte y
fait la pensée,** l'écrivain réfléchissant par et avec

l'écriture, en quelque sorte. Comme Montaigne, il ne sait pas toujours ce qu'il cherche, mais il sait qu'il cherche et, à mesure qu'il avance, de nouveaux sujets de réflexion viennent se greffer au sujet de départ ; le texte les accueille souvent, en laisse tomber d'autres : c'est le parcours digressif, exploratoire* dont nous avons déjà parlé. Le lecteur ne sait donc jamais où l'essai va le mener. Dès lors, il n'est pas surprenant que le discours méditatif*, encore une fois, y domine. Mais afin de décrire le monde d'où est née sa réflexion, l'essayiste a parfois recours au **discours informatif**. Le texte touche aussi à l'anecdote – par le discours narratif*– et peut enfin prendre une tangente plus rêveuse, presque poétique : on parle alors de discours expressif*, de discours d'évocation.

La raison d'être de l'essai est la réflexion

Quand il marche sur les brisées de Montaigne, l'essai demeure un texte fondamentalement intuitif et expérimental. Il assume une certaine gratuité : entre son point de départ et son point d'arrivée, rien ne sera résolu de la question de départ. En interrogeant ainsi l'univers dans lequel il vit, en examinant ce qu'il connaît et ce qu'il ignore, l'essayiste veut comprendre sa place dans le monde et surtout l'écho que ce monde trouve en lui. Son projet, c'est de réfléchir et de penser, c'est d'apprendre ; il ne s'agit pas de transmettre un savoir, mais de cheminer vers une meilleure compréhension ; d'ailleurs, il serait peut-être plus exact de dire *appréhension,* la notion de simplicité attachée à ce dernier terme étant en effet bien plus liée au projet de l'essai que celle de complexité. Participer à l'expérience humaine, telle est généralement la seule ambition de l'essai. Bien que son entreprise soit ancrée dans un JE, il aborde les problèmes dans leur généralité plutôt que dans leurs aspects privés, ce qui lui confère une certaine universalité que revendiquait déjà Michel de Montaigne. Cependant, la méditation n'est pas toujours grave ; elle peut être conduite de différentes manières et le ton en variera d'autant, accessible à l'ironie comme à l'humour. Ariane Émond, par exemple, adopte un ton léger, signalé par une entrée en matière humoristique et par de petits écarts linguistiques (comme l'emploi des termes familiers *bedonnants* et *tripoter*).

Une caractéristique intéressante de l'essai est que tout l'intéresse, *a priori*, que tout est prétexte à s'arrêter. Quand on pense à la thématique d'un texte – et spécialement quand on le qualifie de *philosophique* –, on pense généralement à de *grands sujets*; l'essai, au contraire, s'attarde souvent à un sujet apparemment très circonscrit, comme le chant des oiseaux ou la peinture d'Ozias Leduc. S'ils semblent gratuits et de peu de portée, ces sujets constituent néanmoins le point d'ancrage d'une réflexion qui, au fil du texte, les dépasse : comme l'avait bien vu Montaigne, rien de ce qui touche l'humain n'est négligeable et, en examinant de petites choses, on peut faire apparaître la vérité des grandes.

Le texte y fait la pensée

Dans l'essai, l'écriture est le lieu et le moyen de la quête : le texte ne vient pas transmettre une réflexion déjà toute fixée; il lui permet de se préciser, parfois même de se mettre au monde; l'écriture est donc créatrice, *verbo-motrice*. Le discours méditatif* permet de livrer cette réflexion se faisant. Les digressions*, au fil des pages, rendent compte de l'élargissement de la pensée, des chemins de traverse qu'elle emprunte, au gré des intuitions et des associations : qui peut prétendre réfléchir si l'itinéraire est tracé d'avance, si tout le trajet est balisé? On voit bien cette structuration progressive de la pensée dans le texte de Vadeboncœur. Un exemple : venant juste d'évoquer la *grâce* des peintres et des musiciens, l'auteur revient à son sujet de départ et nous confie alors : « Dans la peinture d'Ozias Leduc (dans ses poèmes, allais-je dire, pour parler de ses tableaux) [...] », révélant par cela combien sa propre action créatrice, l'écriture, est à cet instant présente et comme *convoquée* par la réflexion qu'il mène. On voit comment le parcours digressif*, par son côté imprévisible, peut rendre compte au lecteur de cette réflexion toujours en route, toute tendue vers sa recherche et jamais attachée à sa démonstration. En ce sens, l'essai est un texte libre et c'est cette image de nous-même qu'il nous renvoie.

Le JE comme miroir du TU

Généralement, l'essayiste ménage une place importante au lecteur : il propose un dialogue ou souligne leur communauté de sort, l'invitant, par le NOUS inclusif, à se questionner avec lui. Mais il utilise aussi le *soliloque* : le JE se parle à lui-même; on pourrait croire alors qu'il exclut le lecteur. Cependant, même dans un JE, le lecteur se reconnaît. En effet, rien de ce qui intéresse l'essayiste n'étant étranger à la condition humaine, la réflexion de l'être *sur* l'être que propose le texte peut être reprise – et poursuivie – par le lecteur.

Là aussi le parcours digressif* est utile puisqu'il favorise, par ses multiples ouvertures, l'appropriation de la réflexion.

Cette identification du lecteur à un JE réfléchissant est également renforcée par deux choses. D'abord, par la démarche spéculative du texte : l'auteur ne *sait* pas, il n'est pas en position d'autorité, en position *différenciante* ; au contraire, il se questionne, en même temps que le lecteur, dans le présent de l'énonciation. Ainsi en est-il de la question d'Ernest Gagnon : « Dans quel miroir très pur [puis-je] reconnaître et comprendre [ces visages] ? », qui reste sans réponse. Ensuite, par le sujet du texte – une question à la fois personnelle et universelle, qui ne touche pas que le JE. Gardons également à l'esprit que la présence du lecteur dans le texte est affectée d'une certaine ambiguïté : en effet, bien qu'il soit un TU pour l'auteur, le JE est aussi son nom, celui avec lequel lui-même se nomme. Il y a donc, à la base de la lecture, une double valeur du JE qui, dans l'essai, vient favoriser la prise en charge de la réflexion.

Le discours informatif

Quand il suit les traces de Montaigne, l'essai utilise plusieurs types de discours dont le discours informatif, bien qu'il soit rarement dominant. Plus objectif, plus factuel, celui-ci décrit le réel – lieux, personnes, événements – sans qu'une vision personnelle s'y fasse sentir ; en ce sens, on peut dire que le discours informatif n'est pas *approprié*. Le texte demeure neutre, attardé à de l'information précise et relativement impersonnelle qui rappelle que le texte parle vrai, sur le plan documentaire ; ces données ne sont pas systématiquement liées au JE anecdotique, comme dans l'autobiographie. On reconnaît facilement le discours informatif dans le texte de Pierre Morency – le lecteur y apprenant beaucoup sur les espèces d'oiseaux évoquées ; une lecture distraite pourrait même nous laisser croire qu'il y est dominant. Cependant, le projet du texte ne vient pas vraiment confirmer cette impression.

Textes

1952	« *Masques et visage* » d'Ernest Gagnon (extr.)
1967	« *Montaigne* » de Pierre Baillargeon (extr.)
1991	« *La vie vaut la peine d'être jardinée* » d'Ariane Émond (t.c.)
1992	« *Face à l'univers* » de Pierre Morency (t.c.)
1996	« *La grâce et l'attention* » de Pierre Vadeboncœur (extr.)

Ernest Gagnon

Ernest Gagnon est l'homme des multiples activités, mais d'un seul livre. Cependant, celui-ci, par son retentissement considérable, lui assure une place dans l'histoire de l'essai québécois. Gagnon est né à Saint-Hyacinthe en 1905. Il entre chez les jésuites en 1926 et sera ordonné prêtre en 1940. Spécialiste en histoire de l'art et en littérature, il a enseigné à l'École des beaux-arts et à l'Université de Montréal, où il inaugure le cours de création littéraire. Il a également été commentateur à la radio durant plusieurs années, a collaboré à plusieurs revues et fondé un musée d'art sacré en 1967. Il est mort en 1978.

L'homme d'ici prend sa source dans les billets radiophoniques que Gagnon livrait sur les ondes de Radio-Collège. Il paraît en 1952, avec une préface de Robert Élie et l'imprimatur de la censure diocésaine, et est repris en 1963 par les éditions HMH. À sa parution, l'ouvrage a un retentissement immédiat dans le monde intellectuel canadien-français. On y salue la profondeur et l'originalité de la pensée. Nous reproduisons ici le début de « Masques et visage » où Gagnon aborde sous un angle à la fois psychologique et mythique les rapports entre le masque, la vérité et le religieux. Il est intéressant d'ajouter que Gagnon lui-même collectionnait les masques africains.

Masques et visage — 1952

Si le moi de l'homme est cette souple ligne, vivante et précise, où ce que je suis se rencontre avec l'univers, si le moi de l'homme est cette ligne de crête où s'affrontent dans l'accueil ou la répulsion mes besoins intérieurs tendus vers les sources d'alimentation et de connaissance qu'est le milieu mouvant et fortuit qui m'environne, si le moi de l'homme est ce lieu d'échange vital de deux mystères complémentaires, le visage humain est l'expression de cette synthèse unique, l'interprète muet de ce devenir imprévu et constant, et l'aveu d'offrande ou de refus que je présente dès qu'un regard se pose. Visage humain qu'un rien épanouit ou contracte !…

Visage humain, présence ou absence, identité ou simple ressemblance, visage ou masque ?

Le visage humain n'est qu'une résultante. Résultante d'une hérédité de race et de famille, résultante d'un faisceau de traditions intellectuelles et morales, d'un mode de vie propre et préexistant au milieu où j'ai grandi, mon visage est aujourd'hui pour une grande part ce que l'ont fait, dans mon enfance, tous ceux qui m'ont aimé et porté vers une splendeur humaine qu'ils avaient rêvée pour moi, comme aussi il reflète ce que m'ont fait ceux qui ont dressé sur ma route leur incompréhension ou leur malice. Mon visage est surtout la résultante de ces longues et minutieuses tentatives de l'intelligence qui s'épanouit, hésitante, dans une expérience de l'esprit dont sa vie dépendra. Sondages du cœur, lents et douloureux, puis triomphants, qui souvent seuls donnent un sens et un point d'arrivée à une vie, à cette aventure déjà mise en route sans nous et en pleine course encore au moment où nous en prenons conscience et responsabilité. Longues années de lucidité et d'énergie dont la figure humaine porte le témoignage émouvant, mais aussi mensonge de résultats entrevus et non atteints, mensonge d'un idéal non intégré, mensonge touchant d'une sincérité et d'une espérance en marge d'une appropriation définitive ou un bonheur absolu.

Ce visage, la vie l'a dessiné. C'est d'elle que je l'ai reçu, mais imperceptiblement aussi, je l'ai modifié avant de me modifier moi-même. J'ai cru à ce masque que je m'étais fait, beaucoup plus qu'à moi-même et pour me l'avoir imposé le premier, j'en suis, aujourd'hui, plus ou moins inconsciemment, le prisonnier.

Le visage est une résultante. Et le vrai masque de l'homme se cache derrière sa peau. À ce point d'affleurement du monde des fonctions biologiques et du monde des valeurs, du monde des instincts primitifs et du monde de la morale, du monde des impulsions et du monde des répressions, du monde de l'autonomie personnelle et du monde des mécanismes, du monde de l'individu et du monde du social, du monde du péché et du monde de la grâce : univers impérieux et complexe, aux vérités partielles, aux sincérités contradictoires. Tous ces visages opposés et simultanés que mon masque tour à tour recueille, synthétise et projette sur mes traits, tous ces visages inconscients, grouillants au cœur de mon mystère intérieur, quels sont-ils ? Dans quel miroir très pur les reconnaître et les comprendre ? Masques vivants d'un passé jamais mort, d'où émergent déjà, dans l'esquisse d'un relief encore équivoque, les contours de mes masques futurs. Masques vivants de tout ce que je cache en moi, de tout ce que je me cache à moi-même et qu'en d'autres milieux plus raffinés ou plus barbares, en d'autres climats spirituels, dans une autre morale, fût-elle possible, dans un autre mystique, j'aurais pu devenir. Tous les « moi » possibles et qui ne seront jamais, car la vie est un choix continuel, les puissances intérieures de l'homme conservent un arrière-plan de liberté et d'indétermination.

Mystère émouvant de la figure de l'homme, langage secret de cet univers de métamorphoses qu'un regard attentif saisit brusquement, dans une incidence imprévue que seule une profonde sympathie de l'intelligence et du cœur sait interpréter, parce que seule, la sympathie de l'intelligence et du cœur sait que tout masque cache un vrai visage, qu'un mensonge affirme toujours quelque chose, que toute transformation révèle une permanence, plus stable et plus indestructible encore que tout ce qui feint ; seule la charité découvre la vraie figure de l'homme parce que la charité seule, par delà toutes les ressemblances, décèle la Ressemblance unique, l'Image et la Ressemblance de Dieu.

[...]

L'homme d'ici, p. 129-133.
© Hurtubise HMH, 1963.

Des questions pour lire et analyser, réfléchir et mettre en parallèle

Lire et analyser

1. Par quoi, dès le début du texte, Gagnon montre-t-il que sa raison d'être est la réflexion ?

2. Analysez sur le plan stylistique le premier paragraphe et dégagez ce qu'il fait apparaître comme définition du MOI et du JE.

3. Retrouvez les marques de la présence du lecteur dans le texte.

Réfléchir

1. En quoi trouve-t-on, ici, un essai à l'image du projet de Montaigne ?

2. Quel portrait du visage humain Gagnon propose-t-il ici ? Dégagez-en les principaux traits.

3. Comment la fin de cet extrait modifie-t-elle l'image du masque que le texte développe ?

Mettre en parallèle

1. Peut-on voir des convergences entre les réflexions de Gagnon et de Bosco (p. 32), telles qu'elles se révèlent dans les extraits retenus ? Justifiez votre réponse.

2. Par sa réflexion sur le visage, Gagnon nous livre, en filigrane, sa vision de l'existence. Comparez-la à celle d'*Une grammaire du cœur*, de Brault (p. 24).

Lectures convergentes

Sur le masque et le visage :
Laure Clouet d'Adrienne Choquette
Les masques de Gilbert LaRocque

Sur la question de Dieu :
Le journal dénoué de F. Ouellette
L'ange du matin de Fernand Dumont

Pierre Baillargeon

Né en 1916, Baillargeon se destinait à la médecine. Un accident de voiture, pendant qu'il étudiait en France, change le cours de sa vie. Il se dirige alors vers le journalisme et fonde la revue Amérique française en 1940. Il travaillera ensuite au journal La Patrie, à La Nouvelle Relève et à La Presse, dans les pages littéraires et sportives. Il a touché à tous les genres, publiant romans, poèmes et pièces de théâtre. Cependant, il est davantage connu comme essayiste. Sa mort survient en 1967 alors qu'il prépare une anthologie de ses textes. C'est l'essentiel de cette anthologie qui paraîtra deux ans plus tard sous le titre Le choix.

Le texte que nous reproduisons reprend une causerie que Baillargeon livrait sur les ondes de Radio-Canada, peu de temps avant sa mort. Nous avons choisi le début et la fin, cet extrait permettant de saisir l'essentiel de sa vision de Montaigne.

Montaigne — 1967

Les *Essais* de Montaigne sont un des grands livres de la littérature universelle. Ce qui en fait surtout la valeur, c'est le portrait en pied qu'il y dresse de lui-même, tant de sa personne physique que de sa personne morale.

Dans l'avis de 1580, il dit au lecteur : « Que si j'eusse été entre ces nations qu'on dit vivre encore sous la douce liberté des premières lois de nature, je t'assure que je me serais très volontiers peint tout entier, et tout nu. » Mais, avec la liberté que donnent l'âge et la faveur publique, il se défait de toute fausse honte : « Il faut, dit-il, passer par-dessus ces règles populaires de la civilité en faveur de la vérité… J'ose non seulement parler de moi, mais seulement de moi… Je ne m'aime pas si indiscrètement et ne suis si attaché et mêlé à moi que je ne me puisse distinguer et considérer à part, comme un voisin, comme un arbre. »

Même il publie ses contradictions et ses inconséquences ; il écrit tantôt une chose, tantôt une autre, selon son humeur ; tour à tour il se montre stoïque, chrétien et épicurien comme un convalescent, nonchalant, courageux, mélancolique, gaillard, autant conservateur que libéral, ange et bête, bref notre semblable. Si Montaigne ne nous ennuie pas, bien qu'il parle beaucoup de lui, c'est que, par le fait même, il nous découvre à nous-mêmes. On s'attend à trouver un auteur dans les *Essais*, et c'est soi-même que l'on y reconnaît.

Quel mérite ? me dira-t-on. N'y a-t-il rien de plus facile que de parler de soi ? Au contraire, il n'y a rien de plus difficile. Essayez ! Montaigne dit en connaissance de cause : « C'est une épineuse entreprise, et plus qu'il ne semble, de suivre une allure si vagabonde que celle de notre esprit ; de pénétrer les profondeurs opaques de ses replis internes ; de choisir et fixer tant de menus airs de ses agitations. » Pour se peindre, il faut être soi-même, remplacer par des jugements personnels tous les préjugés que l'on a empruntés aux autres. Être soi-même, c'est être seul. Chose pénible quand on est sociable. Mais Montaigne tenait les idées détachées de leur auteur et comme absolues pour fausses et dangereuses. Il croyait aussi important de compléter une philosophie par la biographie de son auteur. C'est une des raisons pour lesquelles Montaigne relie à sa personne ses opinions, à ses yeux toutes relatives, toutes terrestres. Peut-être pas inutiles, mais, au mieux, assimilables : les adopter ne peut être que les adapter.

Non seulement Montaigne est-il le premier écrivain en date qui ait eu l'idée de se peindre, mais encore est-il demeuré le seul qui y ait pleinement réussi, grâce à une personnalité forte et à une merveilleuse équivalence entre elle et son style, ondoyant et divers. Montaigne pouvait affirmer : « Mon style et mon esprit vont vagabondant de même. » En effet, « si vous l'oyez, vous le voyez ». Montaigne a eu cette autre originalité, d'inventer le fond et la forme de son œuvre et, ce qui est encore plus rare, de porter à son plus haut degré de perfection le genre littéraire qu'il avait inventé. Ce genre a été beaucoup pratiqué par la suite. Je pense surtout aux essayistes de langue anglaise, tels que Lamb, Hazlitt et Emerson et, plus près de nous, Huxley. Mais aux uns ont manqué des idées assez hardies ou le génie de l'introspection, aux autres la personnalité ou le style.

Pourtant, si les *Essais* ont eu tout de suite du succès, on n'en comprit l'originalité profonde que deux siècles après leur publication. «Le sot projet que Montaigne a eu de se peindre!» s'exclame Pascal, son frère ennemi. «Le charmant projet que Montaigne a eu de se peindre, a répliqué Voltaire. Car il a peint la nature humaine.» Il faut dire que Pascal contredisait Montaigne pour se désenvoûter de lui. Cet envoûtement fut si puissant que Pascal alla jusqu'à user d'un pseudonyme qui est presque Montaigne : Montalte! Quant à Voltaire, appartenant à une famille qui comptait parmi ses membres des jansénistes sinistres, il voulait peut-être se libérer de toute influence que ceux-ci avaient pu exercer sur lui dans son enfance, en s'attaquant à leur grand homme. Toujours est-il que Voltaire, le premier, vit juste. Du reste, quel que soit son sujet, l'écrivain ne peut que se peindre. Et Pascal, qui évitait comme des inconvenances indignes de l'honnête homme les mots «je» et «moi», a laissé lui-même un portrait par la seule force de son propre style.

Ce qui explique le plaisir que nous prenons aux *Essais* de Montaigne, c'est le plaisir avec lequel il les a écrits. «Je ne fais rien sans gaieté,» dit-il. Avant de s'enfermer dans sa tour pour dicter ses songes, il chevauche plusieurs heures dans la belle lumière du matin. Cependant le véritable Montaigne n'a rien de commun avec le personnage douceâtre et sceptique que, pour les professeurs, évoquent le fameux sourire et le «mol oreiller» qu'on lui prête. Sur ce mol oreiller reposait une tête dure et le fameux sourire n'est pas toujours tendre. Du rire de Rabelais au sourire de Montaigne, il n'y a pas apaisement, mais raffinement. La trogne des pédants ne l'amusait pas toujours. La suffisance des médecins et des magistrats de son temps excitait sa bile. Les fanatiques lui faisaient horreur. Bien des pages des *Essais* sont des *dies irae*. Les plus éloquentes de ces pages sont pleines d'indignation. À ses risques et périls, il s'est élevé contre l'inquisition, contre la colonisation, contre la guerre de religions. Car, sur les principaux problèmes sociaux, Montaigne pensait déjà comme nous ; «il a pensé cent, deux cents ou trois cents ans à l'avance : cent ans au sujet de la sorcellerie ; deux cents au sujet des lois ; trois cents au sujet de l'éducation. Et, en politique, ce qui vaut encore mieux que ces longues échéances, vingt ans, soit l'Édit de Nantes et la politique d'Henri IV». Le mot que l'on attribue à ce dernier, «Paris vaut bien une messe», pourrait être de Montaigne. Mais, comme il dit, ses colères passent vite. Et, tandis qu'il sourit sur son mol oreiller, il est déchiré par la gravelle.

[...]

La dernière question, c'est à nous-mêmes que nous la poserons et chacun de nous y répondra pour soi. Qu'est-ce que Montaigne peut nous apporter à nous, Canadiens français ?

Cela revient à nous demander ce qui nous manque le plus. Il semble que ce soit le sens de la nuance. Le premier mot de notre logique n'est certes pas *distinguo* ! Nous sommes plus ou moins partisans. Nous serions même plus ou moins fanatiques sous un climat moins excessif. À l'hiver, nous devons notre sang-froid ; à l'été, notre passivité. Pas de printemps, peu d'automne.

Comme son père, Montaigne se vêtait toujours de blanc ou de noir. Mais rien dans son livre n'est tout blanc ou tout noir, parce que tout ce qui n'est pas nuancé est insignifiant. C'est l'esprit de parti ou l'intérêt ou la haine qui simplifient tout ou exagèrent tout. Or, ce qui règne chez Montaigne, c'est le jugement, « un jugement roide et hautain et qui juge sainement et librement ». Il semble le considérer comme la partie divine de son être, qu'il importe de préserver plus que tout, fût-ce au prix d'une bonne place ou d'une bonne affaire. « C'est beaucoup, dit-il, d'avoir le jugement réglé et de maintenir cette maîtresse partie exempte de corruption. » Il se méfie d'une façon toute particulière de ses propres désirs. Non pas voir noir ni rose, mais clair, tel est, à ses yeux, le premier des devoirs.

Un des essais que nous aurions particulièrement intérêt à lire, c'est celui qui est intitulé *L'institution des enfants*, c'est-à-dire leur formation. Montaigne veut que nous aidions les jeunes à juger par eux-mêmes au lieu de s'en remettre toujours à d'autres par une fausse humilité dont le vrai nom est conformisme. Cet essai a l'avantage d'être plus court que le Rapport Parent et de ne toucher qu'à l'essentiel.

J'ai parlé tout à l'heure de la fameuse tour de Montaigne. Voyons en elle un phare qui brille au loin pour notre gouverne.

Le choix, p. 156-161 et 171-172.
© Hurtubise HMH, 1969.

Des questions pour lire et analyser, réfléchir et mettre en parallèle

Lire et analyser

1. Relevez, dans ce texte, les différentes manières dont se manifeste la volonté d'accueillir le lecteur.

2. Bien qu'il se consacre à un auteur du XVIᵉ siècle, ce texte est cependant bien ancré dans le présent. Recherchez-en les marques.

3. Repérez quelques passages informatifs et quelques passages méditatifs, et justifiez votre choix.

Réfléchir

1. Cet essai de Baillargeon reprend plusieurs citations de Montaigne ; quel usage en fait-il ? Quelle influence ont-elles sur le cours du texte ?

2. Baillargeon veut présenter Montaigne et sa vie. En quoi peut-on dire qu'il propose malgré tout une réflexion ?

3. L'essai ne possède pas la vérité ; il la cherche. En quoi ce texte reste-t-il fidèle à cette mission ?

Mettre en parallèle

1. Diriez-vous que, dans son essai, Baillargeon poursuit le même projet que celui de Montaigne, tel qu'il nous le décrit ici ?

2. Examinez la réflexion proposée dans ce texte et dans celui de Bosco (p. 32). Les deux essais se rejoignent-ils par certains points ?

Lectures convergentes

Sur l'influence des lectures :
Le vacarmeur de Robert Lalonde
Copie conforme de Monique Larue
Les cahiers de Limentinus de Gaëtan Brulotte

Ariane Émond

Ariane Émond est journaliste et chroniqueure. Elle travaille notamment à Radio-Canada. Dans la foulée du mouvement féministe, elle a fondé, entre autres avec Hélène Pedneault, le magazine La vie en rose, *publié de 1979 à 1987, qui proposait à ses lecteurs une vision nouvelle et souvent irrévérencieuse de la société québécoise.*

Les ponts d'Ariane réunit les chroniques qu'elle a signées dans Le Devoir. *Ancrés dans la vie quotidienne, ces textes où la légèreté et l'humour se mêlent à un ton plus grave proposent une réflexion sur le présent et sur notre capacité à faire durer les ponts, ces « liens qui nous unissent aux autres, à l'univers »[2]. Le texte que nous reproduisons a paru dans* Le Devoir *du 12 mai 1993.*

La vie vaut la peine d'être jardinée — 1993

Si tu veux être heureux quelques heures,
tue un cochon, invite des amis, bois et danse.
Si tu veux être heureux quelques jours,
marie-toi et va te cacher.
Si tu veux être heureux toute la vie,
fais-toi jardinier.

Parole de vieux dicton chinois, il y a un bonheur vrai, renouvelable et durable à jouer dans la terre. Ces jours-ci, je ne ferais que cela que j'aurais le sentiment d'accomplir quelque chose d'utile et de vivre pleinement. Ludique, un brin magique, terriblement sensuel et énergisant, le jardinage arrive en tête des loisirs en Amérique du Nord. Samedi dernier, l'ampleur des foules chez les marchands de graines et de pousses m'a donné le « vert tige ». À parier que ces commerçants n'ont pas encaissé la dernière récession avec la même acuité que les autres. Toutes sortes de gens, des jeunes, des familles, des couples âgés, des femmes d'affaires, des monsieurs bedonnants, des intellectuels, des ouvriers… Lorsqu'ils passaient la porte avec leurs caissettes de fleurs ou de fines herbes, leurs arbustes décoratifs et leurs sacs de terre de trente livres, tous arboraient le même petit sourire aux commissures, celui de ceux qui savent le plaisir de tripoter la terre.

Jardiner est une joie simple, de celles qui aident la vie et écourtent les nuits. Dès l'aube, on saute du lit pour fureter dans la plate-bande ou sur le balcon, voir si quelque chose a bougé, si les semis ont levé, si le plant qu'un ami nous a refilé reprend bien, s'il ne conviendrait pas de semer autre chose dans ce coin-là… Jardiner met de la beauté dans le paysage, purifie l'air autour et fait ralentir le pas des piétons. C'est un acte de générosité qui oblige à prendre le temps, qui pacifie les humains et paie en petits bonheurs quotidiens, pendant cinq ou six mois. Jardiner, c'est retrouver le goût du désir, du rêve qu'on caresse longtemps, qu'on apprend à voir naître étape par étape. Ameublir la terre, mélanger la mousse de tourbe, le compost, faire de savants dosages pour que le terreau soit léger et riche à la fois est un nécessaire préalable à ce plaisir intime de voir pointer son premier bouton, son premier bourgeon. Jardiner, c'est redécouvrir la jouissance du temps qui s'écoule. Et de la contemplation.

Dans le Centre-Sud, une dame est penchée au balcon du troisième : « C'est encore plus beau d'en haut ! » Une autre lui répond : « Vous savez, c'est mon jardin qui m'a sauvée. » Les vertus de la thérapie par les plantes, du travail manuel, du contact avec la nature et de la fréquentation de la beauté n'ont plus à être démontrées. Dans les quartiers populaires, quand l'activité reprend dans les jardins communautaires, le moral s'allège, les personnes âgées consomment moins de services médicaux, les citoyens-jardiniers prennent du mieux, se sentent plus utiles et productifs en somme... Dans ces quartiers mal aimés où les maisons empiètent sur le trottoir, où la verdure est chiche et les arbres, étiolés, anémiques dans leurs pots, les jardins communautaires représentent à la fois le poumon et le lieu de villégiature de l'arrondissement. À l'occasion, la municipalité fournit des tables à pique-nique, les gens y apportent leurs jeux de boules ou de cartes, et quand le jardin communautaire jouxte un parc municipal, c'est le bonheur. Les enfants peuvent jouer tout près, il y a de l'ombre les jours de canicule.

Les listes d'attente sont longues : on peut attendre deux ans avant d'avoir son petit lot. Depuis 1989, on ne suffit plus à la demande, mais le programme stagne non seulement parce que la récession a grignoté les budgets, mais aussi parce que les terrains libres et propices à la culture ne sont pas légion. Il y a 72 jardins communautaires sur le territoire montréalais, subdivisés en 6 700 jardinets pour 10 000 citoyens inscrits. La moitié sont des gens âgés. Or, depuis peu, de plus en plus de jeunes dans la vingtaine découvrent les joies du sarclage et du binage.

Cette année, pour la première fois dans certains quartiers, quelques espaces ont été alloués à des cuisines collectives, élargissant ainsi les critères d'admissibilité à des groupes. Certains jardins offrent aussi des emplacements surélevés pour permettre à des personnes handicapées ou à mobilité restreinte de venir aussi jouer dans la terre... et socialiser. Les jardins communautaires favorisent à leur manière l'intégration culturelle. On s'interroge sur telle sorte de choux, de racines, de radis ; on échange des recettes, des conseils pour accroître le rendement de l'espace ; on s'émerveille des succès et des essais des uns et des autres.

De tout temps, les plantes ont civilisé les humains. À leur contact, ils ont appris d'autres façons de se nourrir que la chasse ou la pêche, d'autres moyens de se soigner aussi. En cultivant des jardins de fleurs sauvages, exotiques, odorantes, bénéfiques, ils ont apprivoisé la nature. Faut-il rappeler qu'il n'y a qu'un seul mot pour dire civilisation et jardinage : c'est le mot culture. Nous n'en aurons jamais trop.

Les ponts d'Ariane, p. 243-245.
© Le Devoir/VLB, 1994.

Des questions pour lire et analyser, réfléchir et mettre en parallèle

Lire et analyser

1. Le ton adopté par Émond se veut léger. Comment cet humour se concrétise-t-il dans le texte ?

2. Relevez les principaux passages où se manifestent les discours informatif et méditatif. Justifiez votre choix.

3. Comment le texte s'y prend-il pour accueillir le lecteur ? Retrouvez les procédés employés.

4. La figure d'insistance de l'énumération est centrale, ici. Analysez ses caractérisques et expliquez son rôle.

Réfléchir

1. Les sujets de l'essai sont souvent le point d'ancrage d'une réflexion qui les dépasse. En quoi cela s'avère-t-il ici ? Examinez cette question à la lumière du titre.

2. Un des trois objectifs de l'essai est d'agir sur la réalité. Comment cet objectif se manifeste-t-il ici ? Sur quels plans ?

3. En quoi la fin du texte en change-t-elle notre perception ?

Mettre en parallèle

1. Comparez le ton employé par Émond et Bosco (p. 32) sur les plans des objectifs et des effets.

2. En arrière-plan de leur projet et de leur sujet respectif, Émond et Roy (p. 27) tracent chacune un portrait de la condition humaine. Ces portraits offrent-ils des ressemblances ?

3. Très éloignés quant au sujet abordé, les textes d'Émond et de Grandbois (p. 18) montrent tous deux l'homme à la recherche du bonheur. Comparez la vision de chacun.

Lectures convergentes

Sur la vie citadine et moderne :
Lieux communs de Bernard Arcand et Serge Bouchard

Sur le bonheur :
> *Le bonheur fou* de François Gravel
> *Un jardin au bout du monde* de Gabrielle Roy

Pierre Morency

À la fois poète et essayiste, Morency est né en 1942, à Lévis, près de Québec. Après avoir enseigné plusieurs années et avoir touché au théâtre, il décide de vivre de sa plume. Il devient alors chroniqueur radiophonique pour Radio-Canada et collabore également à de nombreuses revues, dont Liberté, Hobo-Québec *et* Estuaire. *Morency est d'abord connu comme poète et donne à ce titre de nombreux récitals qui contribuent à étendre le rayonnement de la poésie, tant au Québec qu'hors frontières. En 1989, la publication de* L'œil américain *amorce le cycle de ses* Histoires naturelles du Nouveau Monde, *essais qui lui permettent de concilier ses grandes passions, la nature et la poésie, et viennent tracer un nouveau chemin pour l'essai littéraire québécois, élargissant ainsi le lectorat traditionnel de ce genre à de nombreux amants de la vie sauvage. Tant son œuvre poétique que ses essais ont été salués par des prix prestigieux, dont les prix Alain-Grandbois, Québec-Paris et Ludger-Duvernay.*

Lumière des oiseaux est le deuxième volume des Histoires naturelles du Nouveau Monde. *L'ouvrage regroupe, comme son titre l'indique, des essais consacrés à l'ornithologie. Le texte retenu montre bien la puissance et l'originalité de l'écriture de Morency, à la fois factuelle et profondément poétique.*

Face à l'univers — 1992

Ce jour-là j'ai cru faire connaissance avec le mystère. Oh non pas un de ces mystères tapis sous les arcanes et sous les grandes questions ; seulement un mystère tout simple, presque palpable, juste assez inquiétant pour mettre un jeune esprit sur des pistes excitantes.

Je devais avoir dans les sept ou huit ans. Avec d'autres gamins je m'amusais dans un petit pré bordé de buissons épais qui se trouvait tout au bout de notre rue, la dernière du faubourg. Je fus subitement interrompu dans mes occupations par un drôle de sifflement aigu, saccadé, bien rythmé, qui montait du fond d'un taillis. Tous ensemble nous nous sommes précipités vers la source de cette petite musique. Aussitôt elle cessa. Les jours suivants je l'entendis de nouveau en me demandant qui pouvait siffler cet air insolite, à la fois enjoué et espiègle, qui me resta collé à l'oreille. Ce n'est que beaucoup plus tard que j'entendis parler du Petit Frédéric. De quoi avait-il l'air ? Je me doutais bien qu'il s'agissait d'un oiseau, mais de sa forme et de ses couleurs je ne pouvais rien savoir. Il me fallut plusieurs années pour mettre enfin sur ce sobriquet le nom réel du Bruant à gorge blanche. Mais la fine musique avait tracé sa voie et c'est elle, je crois bien, qui a allumé la passion que j'ai par la suite continué d'éprouver pour le chant des oiseaux. Encore aujourd'hui, à plus de quarante ans de distance, je demeure perplexe devant le mystère de cette musique qui contient, selon les mots du poète, tout le secret des choses.

L'univers sonore des oiseaux est vaste et complexe, vous en savez quelque chose. Qui désire en percer les subtilités – et en retirer les bénéfices – doit d'abord apprendre à s'y reconnaître à travers les diverses vocalisations. Le premier principe qui frappe l'esprit déjà aux aguets, c'est que pendant l'hiver les oiseaux ne sont pas du tout silencieux. Ils font entendre des cris variant de tonalité suivant les espèces, cris liés la plupart du temps à des fonctions bien précises. Ainsi le « chicadi-di-di » de la Mésange à tête noire est un cri de ralliement. Quand elle veut signaler un danger à ses congénères, elle utilise plutôt une sorte de « slitt-slitt » qui a pour effet de mettre la petite troupe sur un pied d'alerte. Il en est de même des clameurs nasillées du Geai bleu et des fébriles craillements de la corneille.

Le printemps venu, vous notez que les vocalisations se distinguent nettement des simples cris d'appel par une durée plus longue des phrases, par leur complexité, par leur richesse sonore et aussi, dans une certaine mesure, par leur volume. On dit que les oiseaux chantent. De quoi s'agit-il au juste ? Comment cela se passe-t-il ?

Suivez-moi. Je vous conduis dans les parages du chalet du bout de l'île, au bord de la grande batture, près du fleuve. Vers la mi-avril – la neige n'est même pas tout à fait fondue – nous arrive un petit oiseau brun et gris qui attire l'attention par le point noir qui marque le centre de sa poitrine et surtout par l'ardente gaieté qu'il met à produire ses notes claires suivies d'un gazouillis frénétique. C'est le Bruant chanteur, que certains nomment encore, à tort d'ailleurs, le

Rossignol. Quand il chante, il se poste en évidence au faîte d'un arbuste ou sur un piquet de clôture. En observant bien son comportement on le verra changer souvent de position, pour chaque fois lancer à plusieurs reprises sa ritournelle. On remarquera également que ces perchoirs sont toujours les mêmes. Si l'on pouvait les relier l'un à l'autre au cordeau, on verrait apparaître une certaine géométrie. C'est le territoire de l'oiseau.

À quel manège se livre-t-il donc quand il vient pour chanter se poster aux endroits qu'il préfère? Il vient placer des drapeaux! Non pas des emblèmes visibles, mais des drapeaux sonores si l'on peut dire, qui ont la même signification que les couleurs flottant au vent. Par ces balises acoustiques l'oiseau signale à ses pareils qu'il est disposé à défendre l'étendue de terrain dont il a besoin pour établir un nid en toute sécurité, là où il trouvera la quantité de nourriture suffisante à la becquée.

Mais le chant n'a pas seulement une fonction d'avertissement; il remplace en quelque sorte l'arme dont un propriétaire pourrait avoir besoin pour chasser les indésirables. On a mené un certain nombre d'expériences avec le Bruant chanteur justement. L'oiseau fut mis en cage et réintroduit sur son propre territoire. Même prisonnier, il se montrait capable, par son seul chant, d'en éloigner les rivaux. Mieux encore: un spécialiste américain raconte qu'un oiseau encagé, transporté sur un terrain déjà occupé par un mâle, obligea celui-ci, par la seule force de sa musique, à déclarer forfait et à s'établir ailleurs.

Ce sont en général les mâles qui chantent, pour prendre possession d'un domaine au début de la saison propice. Leurs vocalisations ne servent pas seulement de drapeaux sonores, elles permettent également d'attirer l'attention des femelles qui, une fois à l'intérieur des cordeaux invisibles, seront l'objet d'assiduités où le chant joue le premier rôle. L'observation attentive du Bruant chanteur – toujours lui! – permit d'établir en cette matière les premières certitudes. Avant la formation du couple, le petit bruant débite jusqu'à deux cents chants à l'heure. Dès que le nid est construit et que la femelle s'installe sur ses œufs, le mâle, en une heure, ne chante plus qu'une cinquantaine de fois.

Le Bruant chanteur n'est pas le seul musicien à fréquenter le lieu où je vous ai conduits. Tout à l'arrière de la maison s'élève un escarpement où prennent racine de gros arbres : ormes, érables, bouleaux. Dans ces frondaisons épaisses on entend, vers la fin de mai, un chant exquis rappelant le ramage de notre merle, mais avec des notes plus cristallines, plus finement liées entre elles et se terminant sur un sifflement interrogatif. Ainsi s'exprime le Gros-bec à poitrine rose. Tout un été et jusqu'au jour où cette splendeur emplumée est venue se rompre la nuque dans la fenêtre de l'est, j'ai suivi les mouvements et les manières du Gros-bec, qui affiche sur sa poitrine blanche un triangle d'un rose indéfinissable, profond, tonique. Et comme je connaissais un autre couple nichant ailleurs, chez un ami, à bonne distance de chez nous, je demeurai perplexe devant le fait que les deux chants différaient ; par des nuances minimes, il est vrai, mais quand même perceptibles. J'entrepris alors des consultations et des recherches qui révélèrent des conclusions étonnantes. Jusqu'alors j'étais convaincu que tous les oiseaux de la même espèce possédaient une ligne mélodique, un rythme, une tonalité identiques. En un mot je croyais que le chant était complètement inné. La réalité allait me détromper.

Une fois de plus le Bruant chanteur a servi de sujet d'expériences. Les examinateurs ont noté que des pinsons élevés loin de leurs parents possédaient un chant dit « anormal », un informe gazouillis qui n'éveillait aucune réaction chez leurs semblables. Si l'on plaçait en revanche ces jeunes dans l'entourage de mâles chevronnés, on voyait leur chant adopter la norme de l'espèce. Voilà donc ce qui importait : les oiseaux n'étaient plus, comme certains se plaisent encore à le répéter, de parfaites machines biologiques au cerveau programmé, reproduisant des données inscrites dans leurs gènes depuis la nuit des temps ; ils étaient donc sensibles à l'apprentissage, possédaient un langage doué de nuances personnelles et devenaient de ce fait pour moi encore plus captivants.

Et si j'essayais maintenant, ne fût-ce que pour satisfaire la fibre rationnelle de certains lecteurs, d'établir une définition du chant de l'oiseau ? Ne sommes-nous pas fondés à écrire, à la lumière de ce qui précède, qu'il est constitué par une variation de l'air dans le syrinx… ? Oui, bien sûr, il en va ainsi pour la majorité des passereaux. Mais qu'arrive-t-il du tambourinage des pics et de la gélinotte, par exemple, du hululement des chouettes et des tourterelles, de la croule de la bécasse et du chevrotement de la bécassine, pour ne nommer que des manifestations spectaculaires ?

En tenant compte de toutes ces variations, les ornithologistes ont coutume de définir le chant de l'oiseau comme « une série de sons constamment répétés suivant une séquence spécifique émise en général par le mâle, le plus souvent au cours de la période de reproduction ». Pendant des années j'ai accepté sans discussion ces idées qui ne laissent aucune ouverture à l'imagination. Puis j'ai entendu chanter le Pioui de l'Est ! Vous le connaissez, n'est-ce pas, ce petit moucherolle qui perce le feuillage des grands arbres de son chant pointu. « Piouiii » lance-t-il sur un ton interrogatif et vaguement mélancolique. Ce qui est moins connu, c'est que, aux toutes premières lueurs du jour, le Pioui émet un autre chant plus complexe, plus élaboré, composé de trois phrases distinctes, variées à l'infini. Quand j'ai entendu ces modulations pour la première fois, je me suis dit : « Mais il improvise ! Il est donc capable de sortir d'un déterminisme figé et d'affirmer une fantaisie dont il est le seul maître ! »

Au chapitre de l'improvisation, je l'avoue, je n'étais pas au bout de mes surprises. J'allais découvrir des virtuoses autrement plus brillants chez des oiseaux qui non seulement modifient diverses lignes mélodiques héritées à la naissance, mais savent mémoriser un certain nombre de chants d'autres espèces et les incorporer à leur propre bagage. Ce sont les Moqueurs, membres d'une famille restreinte aux Amériques, dont certains, que je connais mieux, circulent dans d'autres parties du présent livre. Si je les mentionne ici, c'est pour avoir le plaisir de les saluer une fois de plus et aussi pour signaler l'existence du plus époustouflant peut-être de tous les imitateurs, l'Oiseau-lyre, volatile qui fréquente les broussailles humides de l'Australie et dont la longue queue faite de plumes souples comme celles du paon, se déploie, au moment de la parade d'amour, au-dessus de son dos en dessinant les cordes et le cadre d'une lyre parfaite. Le *Manerba superba* (c'est son nom scientifique) est un véritable phénomène vocal, habile à reproduire en une cascade échevelée à peu près tout ce qui peut s'entendre dans son entourage. Cela va de la mitraille d'une arme automatique au galop d'un coursier en passant par des vocalisations d'une musicalité émouvante. Fasse le sort que je ne quitte pas ce monde sans l'avoir entendu, ne fût-ce qu'une heure, dans son milieu naturel.

Une question a longtemps occupé mon esprit. Pourquoi tous ces imitateurs ont-ils mis au point, au cours de ce que l'on nomme l'évolution, un programme aussi copieux et d'une telle portée? On a depuis peu émis l'hypothèse suivante: se pourrait-il qu'un oiseau doué d'un répertoire plus nourri, plus sonore, soit plus éloquent devant ses semblables et muni de meilleurs atouts pour l'affirmation de ses droits de propriété et, dès lors, pour la recherche d'une compagne? Il a été établi en tout cas que les individus possédant un chant résolu jouissent souvent d'un domaine plus vaste.

En fait, pourquoi l'oiseau ne prendrait-il pas simplement du plaisir à varier son chant et, comme c'est le cas avec les Moqueurs, à jouer avec les sons? Cette question n'est pas innocente puisqu'elle laisse entendre que ces animaux seraient d'une certaine manière conscients de ce qu'ils font. C'est peu probable. Mais je n'hésite pas à dire que l'oiseau ressent quelque chose d'analogue à des sensations et que le chant sert en partie à les exprimer. Une chose est certaine: voilà un être mû par une énergie irrépressible, débordante. Bouillonne en lui une plénitude vitale. L'ornithologiste Jacques Delamain croit quant à lui que l'oiseau libère une partie de cette vitalité en chantant, opinion qui a le mérite d'expliquer les chants émis en dehors de la saison des amours et que Henry David Thoreau appelle «les chants émotionnels».

Je regardais l'autre soir s'exécuter un Moqueur chat sur la branche inférieure de l'épinette blanche qui pousse à deux pas de mon perron. Le chanteur participait de tout son corps à la musique qu'il offrait avec une ardeur fébrile. Sa tête était inclinée vers le ciel, ses ailes frémissaient, sa queue se rabattait contre la branche avec des mouvements saccadés. Cette simple observation m'a confirmé un peu plus dans la certitude que l'oiseau, quand il chante, exprime un trop-plein de vie. Ces émois, ces «affects», n'ont sans doute rien à voir avec ce qui nous remue, nous, mais pourquoi ne pourraient-ils pas traduire une forme de l'euphorie, un feu, une certaine chaleur d'être en vie? Pourquoi les oiseaux seraient-ils insensibles à la musique qu'ils modulent? Pourquoi ne chanteraient-ils pas tout simplement parce que les étoiles naissent dans le brasier des galaxies, parce que les constellations sont des troupeaux de guides, parce que chaque matin est le début du monde, parce que les feuillages, les vagues, les torrents sont musique, parce que les cellules de l'été sont en feu, parce que les champs ondulent et que les arbres respirent, parce que la lumière, même petite, fait chanter ce qui vole, ce qui est léger, ce qui déborde dans le vent?

Ces questions, je me les pose chaque fois que j'entends chanter les grives.

Ah les grives ! Elles ne sont pas les plus claironnantes, elles n'ont pas de talent pour les expressions tumultueuses, pour les grands airs qui réveillent. C'est à l'aube et surtout au crépuscule – heures privées de vent – qu'il faut aller les entendre à la lisière des bois épais. Quand dans ces moments-là on sait faire un peu de paix en soi-même, on devient tout à coup comme plus sensible à la richesse sans pareille de cette musique née à fleur de terre, qui monte et qui se diffuse dans l'air calme. Les grives disent un chant de voûte grave et gracieux, comme une eau qui coulerait vers le haut et qui, en culminant, se transformerait en infimes cristaux de sons.

Avez-vous déjà entendu la Grive des bois, la plus connue de nos grives ? Comment un être peut-il arriver à faire se succéder dans son gosier les notes les plus cristallines, les plus veloutées, à les intégrer dans un rythme, à les transposer en tonalités si variées ? Voilà un autre des petits mystères qui encore aujourd'hui me traversent.

Si le chant de la Grive des bois contient une musicalité qui ne manque jamais de répandre la paix dans la sensibilité de l'auditeur humain, celui de la Grive solitaire est encore plus prenant. Il me fut donné un jour de l'entendre dans des circonstances inoubliables…

Il y a une dizaine d'années, vers la mi-juillet, avec les miens et quelques Montagnais, je quittais le village de Mingan, sur la Basse-Côte-Nord. Au début de la soirée nous nous dirigeâmes vers le lac, en retrait de la réserve, pour prendre l'hydravion qui devait nous ramener à Québec. Après de longs moments d'attente, nous nous sommes finalement rendu compte qu'un brouillard très dense glissait sur l'eau et enveloppait la forêt d'épinettes autour de nous. L'obscurité bientôt se mêla à la brume, en l'épaississant. « Pas d'avion aujourd'hui. Demain peut-être », dit calmement quelqu'un du groupe. Nous allions quitter les lieux quand soudain, à proximité de l'embarcadère de planches, nous fûmes visités par une musique d'une fraîcheur et d'une profondeur saisissantes, musique amplifiée par l'humidité et le silence d'ouate. La Grive solitaire lançait ses strophes argentines, entrecoupées de longues pauses. Chez elle la trame mélodique est toujours la même, mais s'ordonne sur deux tonalités différentes, ce qui donne au chant son caractère émouvant. Le désagrément de devoir différer notre départ, le début d'angoisse qui s'installait, tout fut effacé par ce baume qui s'appelle chant limpide d'un oiseau du soir.

La beauté du chant des grives, comme celui de maints autres passereaux d'ailleurs, demeure pour moi impénétrable. Comment l'oiseau arrive-t-il, avec seulement quelques notes, à nous émouvoir à ce point, à traduire nos propres sentiments ? Nous sommes en réalité si dépourvus quand vient le temps de dire ce que nous éprouvons face à l'univers. Nous ne savons pas très bien qui nous sommes dans cette organisation dont le secret nous échappe. L'oiseau, lui, est incarnation sonore de l'espace ; sa musique est elle-même espace, elle en traduit sur-le-champ toute la complexité. C'est tout à coup l'espace entier qui nous envahit ; nous devenons l'intérieur de l'espace où résonne le chant de l'oiseau. Pour un moment, trop bref hélas, nous sommes comblés.

Lumière des oiseaux, p. 103-114.
© Boréal, 1992.

Des questions pour lire et analyser, réfléchir et mettre en parallèle

Lire et analyser

1. L'implication du JE est évidente ici. Relevez les marques de sa subjectivité.
2. Observez comment le JE s'efforce d'inclure le lecteur dans sa réflexion et son expérience. Notez les différents procédés mis en œuvre pour ce faire.
3. Le projet du texte semble être de nature informative. Mais il s'y greffe une autre finalité, plus englobante et de nature plus méditative : trouvez-la et regardez par quoi elle se révèle.

Réfléchir

1. Le texte ici, essentiellement informatif, fait néanmoins intervenir un certain lyrisme, notamment avec les métaphores et les figures d'insistance. En quoi ce travail stylistique contribue-t-il à changer notre perception de la finalité du texte ?
2. Quel tableau ce texte nous donne-t-il des relations entre l'homme et la nature ?
3. Explorant le thème du chant des oiseaux, Morency livre pourtant, ici, une réflexion qui le dépasse largement. Comment un tel sujet peut-il porter une méditation sur la condition humaine ?

Mettre en parallèle

1. Les textes de Morency et de Baillargeon (p. 45) semblent très éloignés l'un de l'autre. Dans quelle mesure peut-on dire qu'ils poursuivent le projet de Montaigne ?

2. *Une grammaire du cœur* (p. 24), comme ce texte de Morency, met en scène un épisode de l'enfance qui a laissé une trace indélébile sur l'adulte qu'est devenu l'écrivain. Ces expériences, très différentes sur le plan anecdotique, peuvent-elles être considérées comme parentes ?

3. Émond (p. 50) et Morency réfléchissent tous deux sur la relation existant entre l'homme et la nature. Peut-on dégager de leurs réflexions quelques avenues communes ? Développez votre point de vue.

Lectures convergentes

Sur l'enfance et le mystère :

La petite fille qui aimait trop les allumettes de Gaétan Soucy
Jimmy de Jacques Poulin

Sur le lien avec la nature :

« Arbres » dans *Le réel absolu* de Paul-Marie Lapointe
L'amélanchier de Jacques Ferron
L'Eldorado dans les glaces de Denis Chabot
Les engagés du grand portage de Léo-Paul Desrosiers

Pierre Vadeboncœur

Le nom de Pierre Vadeboncœur est associé très étroitement à l'essai québécois, dans sa dimension la plus rigoureuse. Chacun de ses textes a été salué par la critique et il n'est pas exagéré de dire qu'il est considéré comme un des phares de la pensée québécoise. Né à Montréal en 1920, Vadeboncœur a fait des études en arts et en droit. Il travaille comme journaliste quand la célèbre grève de l'amiante éclate, en 1949 ; il y participe activement et ne s'éloignera plus de cet engagement envers la justice sociale. Son travail de syndicaliste à la Confédération des syndicats nationaux (CSN), de 1950 à 1975, en fait un acteur privilégié de la transformation sociale du Québec, cependant que son activité inlassable d'essayiste réaffirme sans relâche la nécessité de penser l'avenir. L'œuvre de Vadeboncœur a obtenu les prix les plus importants ; Vivement un autre siècle ! s'est, quant à lui, vu décerner le prix Spirale en 1997.

Les textes de Vadeboncœur abordent souvent des questions politiques et sociales. Vivement un autre siècle ! regroupe des essais proposant plutôt une réflexion sur l'art, vivant défi à la dérision et à la mort. Ainsi, dans « La grâce et l'attention », l'essayiste s'attarde à l'œuvre du grand peintre québécois du tournant de notre siècle, Ozias Leduc.

La grâce et l'attention — 1996

La matière, à peine un voile de l'esprit.

Ozias LEDUC

L'art d'Ozias Leduc est, en un certain sens, plus émouvant que celui de beaucoup de peintres plus marquants de l'histoire de l'art ici comme à l'étranger. Il atteint en nous un sens très humain et très profond que d'autres peintres, plus « grands », ne peuvent émouvoir autant. Si le mot *touchant* n'avait pas une connotation un peu trop sentimentale, je l'emploierais pour rendre compte de l'effet très spécial de cet art qui justement touche le cœur et le fait par des moyens irréprochablement plastiques.

Ce pouvoir particulier est exceptionnel. Il n'appartient qu'à de très bons peintres, bien sûr, mais d'autre part ce don tout à fait spécial se distingue de ce qui peut par ailleurs faire un grand artiste. Parmi les grands peintres, ceux qui possèdent le don de la tendresse, si intime, si privé pourrait-on dire, sont l'exception parmi les exceptions. C'est la même chose en musique. Beaucoup de grands artistes peuvent émouvoir en nous des sentiments simplement humains, mais il en est de bien plus rares qui pour cela ont un secret unique, une justesse de ton inégalée, attribut du fond de leur personnalité.

Comme n'importe quels charme, grâce, séduction, bonté, on a cela ou on ne l'a pas. Mais, dans le cas, à ce degré, c'est quelque chose d'extrêmement rare. Schubert, par exemple. Émouvoir la sensibilité dont je parle, tout inclination, tout attachement, tout poésie de ce sentiment : saisit-on l'émotion particulière que je veux décrire ici ? Elle est à part. Rien d'autre ne peut rivaliser avec la douceur qui la caractérise, ni satisfaire en nous le besoin infiniment humain qui la demande comme on demande l'amour même.

Dans la peinture d'Ozias Leduc (dans ses poèmes, allais-je dire pour parler de ses tableaux), quelque chose se produit d'inattendu et dont on pourrait croire qu'il ne relève pas de la plastique, et pourtant il en relève. Il est paradoxal qu'un sentiment si personnel, comme on en attendrait de l'accord de deux êtres et non pas d'un tableau, naisse pourtant du traitement pictural, non d'abord du sujet lui-même, et ne doive cela foncièrement à aucune littérature. Leduc est un peintre, non un amateur de beaux sentiments. L'étonnant, et ce qui est inimitable, c'est qu'une âme, comme offerte à quelqu'un, tendre et n'intéressant alors que ce quelqu'un, manifestation d'une vie intime et non d'un art, ressorte pour ainsi dire par accident de l'art ici *et ne dépende essentiellement que de lui*. Il en va tellement de la sorte que l'émotion ainsi décrite, aussi *personnelle*, se retrouve au moins autant, sinon plus, dans des tableaux dont les sujets sont impersonnels, comme le paysage…

Il y a davantage. Cet effet secondaire prend le rang d'effet premier dans cette peinture, ce qui met un comble au paradoxe dont je parle, car l'art, bien entendu, est d'un autre ordre. C'est comme si Leduc, dans sa peinture, rencontrait fortuitement un sens dont l'art n'est de soi ni pourvu, ni chargé. Tout se passe comme si cet art, s'emparant de cela comme un courant s'empare d'un autre courant, le véhiculait maintenant d'une manière principale.

Or dans cet effet accidentel mais dominant et parfaitement légitimé, l'art de Leduc va très loin, aussi loin qu'un art puisse se rendre dans quelque direction que ce soit. Il se trouve que cette possibilité-là est d'une rare essence et que, de fait, on la retrouve rarement dans l'histoire de la peinture, et presque pas non plus dans un autre art : la note Schubert, dans l'histoire de la musique, le sentiment Schubert, l'émotion humaine Schubert… J'amène ici ce compositeur en exemple, car il me fournit la comparaison dont j'avais besoin pour illustrer concrètement ce dont je parle en ce moment.

Mais si la peinture de notre artiste va aussi loin que je le dis dans une direction, dans la direction que je signale, qui est d'un tel prix, alors il faudra réviser l'opinion restée prudente, bien que favorable, que les plus exigeants entretiennent d'ordinaire au sujet de Leduc. L'on devra conclure que ce peintre mineur est un grand peintre au moins par quelque côté, tout comme Duparc, à meilleur titre il faut dire, est un grand musicien bien qu'il n'ait laissé que quelques mélodies. Duparc aussi est un révélateur de profonde intimité du sentiment et son art va musicalement au cœur de ce domaine secret, dans lequel il s'accomplit suprêmement.

Ce qui conduit un vrai peintre, ce n'est pas directement l'âme de son sujet ; c'est l'âme d'un ton ou d'un mouvement, ou d'une perfection proprement picturale. Je viens d'écrire le mot secret à propos d'un certain sentiment que j'ai rapproché de Schubert ou de Duparc ; mais, pour y accéder, d'ailleurs sans le vouloir et sans même pouvoir y viser, l'artiste passe par d'autres secrets qui l'intéressent au premier chef, secrets immédiats, et ce ne sont pas ceux de ses états d'âme. Il s'agit de sensibilités d'artiste, non de sentiments à traduire, à «rendre». Sensibilités recherchées dans la matière même, dans le traitement, dans des ordonnances, elles se rapportent, dans le cas, par exemple, à des tons rares, à des mauves subtils, à des neiges chargées de nuances et d'étrange réalité, à une touche profondément méditative, à une recherche toujours poussée d'une certaine irisation, à un souverain calme, mais autant peut-être, pour ce qui est de la matière, au désir du peintre de se satisfaire de celle-ci seulement si elle présente une certaine somptuosité, du moins pour ce qui est de nombreux tableaux de chevalet. Ce peintre, dans tel ou tel tableau, n'en a jamais fini de peindre... Sa recherche, sous le pinceau, est sans cesse poussée à la limite. Il n'est pas jusqu'à ses conifères qui ne soient de cette façon immortalisés, dans certains paysages comme *Effet gris neige*, lesquels, sans cette sensibilité si personnelle, sans cette recherche toujours soutenue, pourraient être banals, mais ils ne le sont pas : ils sont passés par un art exigeant et sensuel ; ils ne sont pas donnés mais obtenus à force de constance, de don et de délicatesse. Ce sont des fruits.

[...]

Vivement un autre siècle !, p. 41-44.
© Éditions Bellarmin, 1996.

Des questions pour lire et analyser, réfléchir et mettre en parallèle

Lire et analyser

1. Dans l'essai, le texte participe à la réflexion, et la nourrit. Essayez de trouver ici des marques de cette influence du processus d'écriture sur la réflexion.

2. Tentez d'abord de mettre au clair les différentes facettes du sujet qu'aborde Vadeboncœur. En les hiérarchisant, montrez comment, parti d'un sujet très particulier, l'auteur touche à l'universel. (Cependant, ne perdez pas de vue que vous analysez un extrait.)

3. Cet essai n'impose pas sa réflexion au lecteur ; il la lui offre. Relevez les éléments qui traduisent ce refus de la position d'autorité de la part du JE.

Réfléchir

1. Expliquez le titre de l'essai retenu à la lumière des réflexions qu'il propose.

2. Bien qu'il n'en exagère pas l'originalité, Vadeboncœur s'attache à présenter sa pensée comme neuve et défaisant, en quelque sorte, plusieurs idées reçues. Comment s'y prend-il ?

3. Cet essai ne met pas le JE en question et semble, à cet égard, plus impersonnel. Pourtant, ne peut-on dire que, à sa manière, l'auteur s'interroge et se demande : « Que suis-je ? »

Mettre en parallèle

1. Dans « Paris (2) » (p. 18), Alain Grandbois esquisse, au détour du texte, un portrait du peintre et, plus généralement, de l'artiste ; comparez-le à celui que trace ici Vadeboncœur. Peut-on y trouver certaines convergences ? Développez.

2. Pour évoquer l'art de Leduc, dans une démarche qui apparaît, par endroits, presque mimétique, Vadeboncœur se laisse porter par un lyrisme certain. Sur ce plan, établissez des liens entre son texte et « Face à l'univers » (p. 53) de Morency.

3. Comparez les visions de l'art que nous proposent Vadeboncœur et les signataires du *Refus global* (p. 9).

Lectures convergentes

Sur l'artiste dans la société :
Homme invisible à sa fenêtre de Monique Proulx
Les oranges sont vertes de Claude Gauvreau

Sur l'art et les artistes :
Ici, ailleurs, la lumière de Fernand Ouellette
La montagne secrète de Gabrielle Roy

Petits problèmes de sortie...

1. « La pensée née de la vie et sans cesse engagée dans la vie, et cherchant à expliquer la vie, n'est pas séparable de la personne qui pense. » Explorez le sens de cette réflexion de François Hertel en vous appuyant sur les textes du chapitre 2.

2. « L'art, c'est franchir une frontière pour aller à soi. » Discutez les implications de ce constat de Roch Carrier en le mettant en relation avec les textes qui précèdent.

3. « Qui suis-je ? Rien. Personne n'est rien, tout seul. Il faut les autres. » Cette réponse de Jacques Folch-Ribas vous semble-t-elle trouver des échos dans certains des textes précédents ?

Chapitre 3

L'essai en prise sur le réel : un portrait en miroir de la société

La réflexion, nous l'avons vu, est au centre du projet de l'essayiste. Elle porte sur le JE dans son unicité ; elle porte sur le NOUS de l'espèce humaine dont le JE se fait alors un hérault, modeste hérault cependant, acceptant la relative insignifiance de sa parole sans pour autant renoncer à la faire entendre. Mais quand la réflexion, au lieu de se servir du monde pour mieux comprendre l'homme, le regarde pour ce qu'il est – une organisation, une société –, son centre d'intérêt se déplace et définit un nouveau projet pour le texte, moins philosophique que sociologique : mieux comprendre, non LE réel – le réel de l'homme –, mais UN réel – un réel auquel l'essayiste appartient et dont il est juge et partie. **Par l'essai, l'auteur questionne la société dans laquelle il vit.** Il s'engage dans le présent. Le regard qu'il pose sur cet objet veut le comprendre mieux ; en cela, il poursuit la mission de réflexion de l'essai et l'usage du discours méditatif nous permet de voir à quel point, là encore, sa réflexion reste ouverte. Mais celle-ci est davantage balisée : l'auteur interroge le monde qu'il peint, il veut en éprouver le poids de vérité ; il soulève les problèmes et tente d'en trouver les causes ; il pose des questions et examine les réponses avec un **esprit critique.** La question sous-jacente qui affleure, peu importe le sujet choisi par l'essayiste, est la suivante : qu'est-ce que la société dans laquelle je vis ? Ou, mieux encore, dans quelle sorte de société vivons-nous ? Le réel qui l'intéresse est en effet un réel collectif auquel le lecteur, autant que l'auteur, participe. Cela amène dans le traitement du sujet choisi une certaine distanciation, une **objectivation du réel** : objectivation dans le sens où le réel devient objet d'attention, mais aussi objectivation dans le sens d'un retrait de la subjectivité.

Parce qu'il parle du réel, tout essai est situé dans un contexte spatiotemporel. Au contraire du romancier qui raconte souvent à partir d'un *nulle part* – la notion de narrateur omniscient rend compte de cela –, l'essayiste parle toujours à partir d'un *ici-maintenant* que lui impose le pacte de vérité* ; ce dont il parle est également ancré dans le temps et l'espace. Cet aspect paraît encore plus sensible quand le texte s'attache à proposer un portrait de la société qui lui donne naissance. Par ses implications sociologiques, **le texte s'inscrit dans l'histoire** et de multiples marques viennent le rappeler. Sa mission est de parler du réel vrai et il importe que le lecteur n'en puisse pas douter : cette fonction *référentielle* est assumée par le discours informatif*, très présent. Pour rendre compte de son questionnement et manifester son effort de distanciation, l'essayiste a également recours au **discours critique analytique**.

Dans les essais québécois, un sujet se démarque par sa récurrence obstinée : la définition d'une identité québécoise[1]. Il semble que, pour les écrivains d'ici, ce problème soit incontournable. Il affleure dans la plupart des essais. Qui sommes-nous ? En quoi sommes-nous différents, ou semblables ? Qu'est-ce qui nous lie ? Ce questionnement est évidemment lié au nationalisme, mais aussi à l'enracinement géographique ; il interroge à la fois le passé, le présent et l'avenir ; il surgit de l'anecdote et dans la profusion du lyrisme ou, au contraire, dans l'intellectualisation du discours. Et ainsi, d'un texte à un autre, parfois de façon centrale, souvent en marge, se poursuit une réflexion ininterrompue autour de notre *québécitude*. Nous en proposons ici huit exemples.

Par l'essai, l'auteur questionne la société dans laquelle il vit

Ce qui est dans la mire de l'essayiste, c'est une société, un réel circonscrit, un « quelque-part-en-un-moment-de-l'Histoire ». Il ne s'agit pas d'en faire un portrait simplement descriptif. La subjectivité qui demeure à la base de l'essai présuppose, chez l'écrivain, une approche expérimentale : il partira de ce qu'il sait, de ce qu'il sent, de ce qu'il voit, mais aussi de ce qu'il comprend ou ne comprend pas, accepte ou n'accepte pas ; mais surtout, il partira de ce qui le touche et l'interroge dans cette société. Le texte est donc une occasion, pour l'essayiste, de soulever, à partir de sa perception, non plus les problèmes fondamentaux de l'Homme, mais ceux d'*une* société. Le questionnement est d'ordre sociologique. Tenter de montrer, d'expliquer ; souligner les contradictions, dénoncer des abus ; proposer des hypothèses, soulever d'autres interrogations : voilà ce à quoi s'attache alors le texte.

Ce questionnement, le lecteur le partage aisément. En effet, le texte ici est, plus que les essais que nous avons vus, *adressé :* le lecteur y est très présent, comme *alter ego* ou comme interlocuteur. S'il peut se reconnaître dans le JE de l'écrivain, il reconnaît également, dans le tableau qui lui est proposé, la société dans laquelle il vit et les doutes qui l'assaillent. C'est pour lui que l'écrivain trace le portrait de *leur* monde, d'un monde collectif auquel ils appartiennent et qu'ils ont besoin, tous les deux, de comprendre et de justifier. Que sommes-nous ? Dans quel monde vivons-nous ? Quelle est notre place et notre rôle dans cette société que nous avons forgée ? L'essayiste tente alors de mesurer la responsabilité de l'homme dans la marche du monde. Là encore, cependant, il refuse la position d'autorité : il ne sait pas la vérité des choses ; il tente de l'atteindre.

Une objectivation du réel

Quand il choisit de traiter de la société – la sienne ou celle des autres –, l'essayiste est un être social parlant d'une organisation sociale. Il ne s'appuie pas sur son unicité, sur sa spécificité ; au contraire, il tente de se positionner comme un parmi d'autres, une partie d'un tout. Ce type d'essai amène le recul du JE privé et individualiste, et « la réflexion fortement personnalisée » (Przychodzen) se voit remplacée par une réflexion plus pondérée, plus

mesurée, marquée par une certaine distanciation *a-personnalisante*. Bien
que l'essai soit basé sur l'expérience individuelle, l'écrivain s'efforce d'objectiver cette expérience, d'y joindre l'expérience des autres pour en augmenter
la valeur de vérité. Regardons le texte de Le Moyne : dans la première partie,
il s'efforce d'écrire « au neutre », en oubliant sa masculinité de façon à
présenter un tableau de la situation de la femme qui soit le plus véridique
possible. Cependant, le regard sur le monde demeure intuitif et personnel,
profondément subjectif ; on voit affleurer, ici et là, cette singularité :
« L'Histoire est faite [de la réalité masculine] jusqu'en son intimité la plus
secrète et qui est la femme ». Le lecteur peut sentir ce conflit entre le désir
d'une objectivité susceptible d'emporter les réserves du lecteur – le désir de
montrer le monde – et le pressant besoin de décrire sa propre perception du
réel, de ce qu'il est et de ce qu'il devrait être – en d'autres termes : le besoin
de changer le monde.

Le désir d'objectiver l'expérience se manifeste notamment par la relative
absence du JE. Pour mieux peindre le fait social auquel il s'intéresse, l'auteur
se tient au second plan et le JE est souvent remplacé par un NOUS qui rappelle
la finalité du texte et rend plus discrète la présence de la subjectivité. Il arrive
également que l'objectivation se traduise par une intention plus proprement
didactique : expliquer, donner un supplément d'information, augmenter le
savoir du lecteur. Les parenthèses, les tirets permettent de petits apartés de
cette nature.

Un esprit critique

Le maître mot de l'essai, quand l'auteur pose son regard sur le monde social
auquel il appartient, c'est *critique*. Il détermine un texte plus intellectuel dont
l'objectif est d'aborder sous un angle appréciatif – c'est-à-dire évaluateur –
certains côtés d'une réalité. Esprit critique ne veut pas dire destructeur, ni
même négatif ; *critiquer* veut dire examiner, peser le pour et le contre,
évaluer le poids de vérité. Dès le départ, le texte se place souvent sur le plan
de la raison ; son sujet est découpé de manière à favoriser une discussion
ordonnée et contrôlée. S'il adopte une démarche plus aléatoire, il tendra
malgré tout à poser nettement les objets de discussion : on le constate dans
un texte aussi déroutant que celui de Ferron. L'objectivation dont nous
venons de parler facilite le travail critique en ce sens que le discours anecdotique et digressif, si souvent lié à l'essai, est remplacé par un discours plus
conceptuel, plus systématisé. Le texte se place sur le plan des idées et tend
à y rester ; il s'*incarne* moins. La spontanéité apparente que nous avons
jusqu'ici associée à l'essai est moins sensible ; la réflexion paraît davantage
mûrie, plus définitive en quelque sorte, bien que le texte demeure toujours

ouvert. Ce que l'auteur veut dire, l'*intention de sens*, existe dans une large mesure avant le texte, mais rarement au point de subordonner tout le travail de création à la transmission d'un message. Cependant, quand cela arrive, peut-on encore parler de texte *littéraire* alors que le langage y a perdu une grande part de sa puissance et y est réduit au rôle d'outil de transmission ?

Le concept de *littérarité* se définit comme « le caractère de ce qui est propre, dans la littérature, au littéraire proprement dit, par opposition au niveau linguistique, au projet idéologique, etc. »[2]. La question que nous soulevons ici est donc la suivante : quand tout le projet du texte se situe sur le plan idéologique, peut-on encore parler d'un texte littéraire ? Cela paraît difficile. Nous sommes alors hors des limites de l'essai, non plus dans un *texte-lieu*, mais dans un *texte-vecteur* où le langage tend vers un usage purement instrumental. Ni l'utilitaire ni le pragmatique n'appartiennent à l'essai.

Un texte qui s'inscrit dans l'histoire

Parce qu'il parle du réel, le texte doit s'inscrire dans un temps et un espace qui sont non pas imités du réel, mais partie prenante de celui-ci. Aucune réalité ne peut s'abstraire du temps et de l'espace sans en souffrir dans sa valeur de vérité. Cela est vrai pour tous les essais mais, évidemment, quand son objet est d'ordre sociologique, cela prend une importance encore plus grande. L'inscription dans l'histoire permet au lecteur de mieux lire puisque, grâce à elle, il peut établir des relations entre ce qu'il sait et ce qu'il lit, trouver, en quelque sorte, le *point de chute* du texte dans la réalité. Elle se traduit par l'emploi de balises temporelles et spatiales absolues, en ce sens que leur valeur est fixe et peut être lue indépendamment du texte. Le seul premier paragraphe de Godbout nous indique déjà qu'il parle du Québec et de maintenant : il fait mention de la fin de ce siècle, des paliers fédéral et provincial, du gouvernement québécois. Cependant, même s'il s'inscrit dans l'histoire, le texte n'est pas pour autant limité à n'avoir de pertinence que dans une époque ou un lieu donnés : bien qu'une part de sa réflexion puisse devenir caduque ou impropre à retenir les lecteurs d'autres horizons, il questionne toujours à partir de la condition humaine et, en cela, peut transcender sa réalité historique. Il nous rappelle alors qu'un homme existant en un point historique, c'est tout l'homme.

Un discours critique analytique

Le discours méditatif est déjà, d'une certaine manière, critique, puisqu'il examine ce dont il est question à la lumière de la vérité, qu'il l'évalue ; cependant, les aspects digressif et subjectif y sont beaucoup trop marqués pour qu'on puisse parler d'un discours analytique. Presque par nature, le discours critique est analytique : il examine en mettant l'accent sur l'aspect méthodique, sur la division du sujet en parties raisonnées. Il s'efforce de découper, de suivre une certaine méthode et trace rarement un portrait en *vrac*. Il n'a pas une allure scientifique pour autant : il ne fait pas un examen complet de la question et peut encore emprunter, par moments, un parcours digressif. Cependant, le lecteur perçoit l'effort de l'auteur pour tendre à plus de constance dans le trajet textuel qu'il emprunte : il s'éloigne moins de son sujet car, nous l'avons vu, il veut *dire* autant qu'*écrire*.

Le discours critique analytique parle, examine et commente. L'essayiste veut montrer la réalité d'une société et la discuter. Mais, bien qu'il demeure pondéré et que sa subjectivité tende à se restreindre, on sent parfois un désir de convaincre du bien-fondé de sa perception du réel : ce que les linguistes appellent la *fonction incitative* apparaît en filigrane. Ce désir se découvre également dans la propension de l'écrivain à mettre en évidence ce qu'il y a de neuf dans sa proposition ; en effet, il peut *savoir* les limites de son texte et la vanité de son projet, mais il n'en est pas *convaincu* : sa parole vaut d'être dite, sa voix singulière vaut d'être entendue. Cependant, au regard du texte, le lecteur demeure libre de ses opinions : il ne s'agit pas encore de débat et d'argumentation, mais de réflexion et de mise en question. Quand l'auteur tend à imposer sa vision des choses, quand il renonce à l'effort d'objectivation tout en maintenant la critique, on quitte le discours analytique et on se trouve alors devant un discours argumentatif*, une littérature de combat qui trouvera sa place dans le pamphlet et le manifeste, ainsi qu'en témoigne le *Refus global*.

Textes

1961   « La femme dans le contexte historique » de Jean Le Moyne (t.c.)
1962   *La ligne du risque* de Pierre Vadeboncœur (extr.)
1969   « La belle parade d'Arthur Buies » de Jacques Ferron (t.c.)
1981   « L'écrivain d'affaires : la littérature mise à prix » de Jacques Godbout (extr.)
1989   « Découvrir l'Amérique » de Gilles Marcotte (t.c.)
1991   « Au fil du monde » de Luc Bureau (extr.)
1995   « L'ethnicité » de Neil Bissoondath (extr.)
1995   « L'avenir d'une culture » de Fernand Dumont (extr.)

Jean Le Moyne

Jean Le Moyne est né en 1913 et mort en 1996. Il commence des études en lettres qu'il interrompra en raison de sa surdité. Avec Saint-Denys-Garneau, Robert Charbonneau et Robert Élie, il fonde en 1934 la revue La Relève *qui publiera ses premiers articles. Intéressé par la pensée catholique alors en pleine ébullition autour de Jacques Maritain, il fait plusieurs séjours en Europe. Le début de la guerre le ramène au Québec où il travaille d'abord comme journaliste à* La Presse, *puis au* Canada *dont il deviendra éditorialiste et directeur des pages littéraires. Radio-Canada, Office national du film, bureau du premier ministre du Canada – il rédige les discours de Pierre Elliott Trudeau –, Sénat : ces quelques jalons permettent de rendre compte du parcours éclectique de Le Moyne. Comme essayiste, il n'a publié qu'un seul livre,* Convergences, *en 1962, ouvrage qui eut un grand retentissement et révélait une pensée humaniste plutôt à contre-courant de la Révolution tranquille. Après sa mort, des amis feront paraître* Une parole véhémente *qui propose plusieurs textes de Le Moyne, inédits ou parus dans quelque revue.*

L'essai que nous avons retenu, tiré de ce dernier recueil, est le seul texte du présent chapitre qui n'aborde pas le questionnement identitaire. Par contre, il met en orbite un autre sujet qui dominera les années qui suivront : le féminisme. Par son ambiguïté même, le texte révèle le questionnement et le désarroi masculins qui apparaissent dans le sillage du féminisme montant. La fin de l'essai, énigmatique, impose une relecture du texte entier. De nombreuses références à l'Église nous rappellent aussi que cette époque est celle de toutes les remises en question.

La femme dans le contexte historique — 1961

Depuis les cimes de l'intelligence jusqu'aux sources du comportement, la structure de notre monde est masculine. Notre monde est un monde d'hommes et sa constitution remonte à des millénaires. Quand l'Histoire commence, elle est déjà traditionnellement et durement masculine. L'histoire n'est pas qu'armée et vêtue de la réalité masculine : elle en est faite jusqu'en son intimité la plus secrète et qui est la femme.

Dès le moment où l'humanité se souvient d'elle-même, la femme apparaît asservie et muette. L'ordre social révèle toujours que l'homme fait vivre la femme et vit la femme selon une image qu'un déterminisme obscur a formée de lui. Cette femme, puisque ce n'est pas la vraie, n'est pas à son image. Car être à l'image de l'homme ce serait immédiatement pour la femme être puissante, à sa façon particulière certes, mais ce serait être puissante autant que l'homme.

La femme est une réduction d'humanité, la femme est réduite à l'impuissance. Les hommes font le monde sur une scène où elle est tout au plus figurante bousculée et le plus souvent simple spectatrice. Ils jouent avec elle dans le privé des intermèdes, au milieu d'un décor dont elle ne maîtrise jamais les mécanismes et les raisons. Privée de puissance, comment serait-elle dans les actes où se produisent les événements mondiaux? Son lieu, son moment, c'est l'entracte perpétuel. Ainsi, les civilisations ont évolué sans sa présence réelle, sans sa collaboration et sans son enrichissement à elle. Les hommes arrangeurs de choses arrangeaient tout entre eux. Au temps des Grecs, ils ont même arrangé l'intelligence complètement en dehors de la femme : le miracle grec s'est produit dans le club le plus fermé, le mieux gardé qui fut jamais. Mais est-ce bien vrai? Il y a, pas tellement loin dans l'espace et le temps, le club des révélateurs et des prophètes de Dieu. Il y a encore le club des historiens et des apôtres du Christ. Et celui des Pères de l'Église. Et l'Église, faut-il la considérer comme un club, elle aussi? Mais certainement, pour une part immense de sa structure institutionnelle et de sa psychologie.

Avec le féminisme, une autre ère de l'humanité s'est ouverte. Les femmes, en prenant conscience d'elles-mêmes, prennent place à côté des hommes en plein monde, en pleine scène, en plein esprit, en pleine intelligence, en pleine égalité de puissance. Il serait plus exact de dire que les femmes commencent seulement à s'emparer de leur réalité propre et de leur destin, car ce n'est pas encore à un monde à deux qu'elles accèdent : elles ne font que s'imposer à un univers masculin menacé mais inchangé. Et elles-mêmes se l'imposent et le miment pour une part qu'elles ne sont pas plus capables que nous de mesurer en ce moment. Qu'importe, quelque chose d'irréversible s'est passé lorsque l'infériorité féminine a été reconnue comme une illusion.

Si, à cause d'un conditionnement plusieurs fois millénaire, on doit tenir pour suspects de contamination masculine les témoignages que les femmes donnent d'elles-mêmes, combien plus doit-on se méfier de ce que nous autres, hommes, disons des femmes! Parce que, en les conditionnant, nous étions nous-mêmes conditionnés, et qu'en les diminuant nous étions diminués. La prudence et la justice exigent que de tout ce qui se dit de part et d'autre sur les femmes, on ne retienne que le plus audacieux, le plus risqué. Nous, nous croyons nous connaître. Or hier encore, nous méconnaissions la moitié de ce qui fait l'homme. Si nous maintenions les femmes à l'écart et en servitude, c'était par peur et par enfantillage. Par certains hommes, Juifs et Grecs, nous étions parvenus à l'âge de raison, mais cet âge, on le sait, est accablé de peurs terribles et tourmenté d'enfantillages monstrueux. Le féminisme, c'est le seuil de la maturité historique, car l'adulte, collectif ou individuel, ne se réalise pas en dehors de la dualité propre à l'espèce. Voici arrivé le temps de la confrontation et de la révélation des secrets.

L'émancipation de la femme coïncide avec des événements d'une immense portée prophétique. En effet, comme entre de sublimes parenthèses, le mouvement féministe s'inscrit entre les proclamations de deux dogmes, l'Immaculée-Conception et l'Assomption, qui portent au plus haut des cieux la glorification de la femme. L'esprit de foi nous insinue que le secret de la femme est logé dans la lumière ecclésiale, avec celui de l'homme, inséparablement.

Une parole véhémente, p. 183-185.
© Fides, 1998.

Des questions pour lire et analyser, réfléchir et mettre en parallèle

Lire et analyser

1. Repérez les éléments qui permettent au texte de s'inscrire dans l'histoire.
2. Étudiez le travail des pronoms dans ce texte : à qui est-il adressé ? Qui est son récepteur premier ?
3. Relevez les trois figures de style dominantes dans ce texte et mettez-les en relation avec le propos.
4. Le discours critique analytique se caractérise par un souci de découper méthodiquement le sujet. Retrouvez-en la trace.

Réfléchir

1. Quelle vision de la femme Le Moyne donne-t-il ici ? Examinez-en les différentes propositions.
2. L'essai veut critiquer, c'est-à-dire mesurer le poids de vérité. Comment cette exigence de vérité se manifeste-t-elle dans l'essai de Le Moyne ?
3. Le dogme de l'Immaculée-Conception veut que la Vierge n'ait pas eu besoin de contact sexuel pour concevoir. Celui de l'Assomption veut qu'à la fin de sa vie, elle ne

soit pas morte, mais qu'elle ait plutôt été enlevée et escortée au Ciel par des anges. À la lumière de ces renseignements, réfléchissez à ce que la fin du texte apporte comme éclairage sur le propos touchant les femmes.

Mettre en parallèle

1. Pouvons-nous retrouver des convergences entre le monde masculin dépeint par Le Moyne et celui où vivait le jeune Alain Grandbois lors de son séjour à « Paris » (p. 18) ? Celui-ci est-il une illustration concrète de celui-là ?

2. Le texte de Le Moyne et celui de Baillargeon (p. 45) sont des essais plutôt distanciés qui se situent sur un plan plus idéel qu'émotionnel. Jusqu'à quel point les auteurs demeurent-ils en retrait par rapport à leur sujet ? Comparez les deux textes et tirez quelques conclusions.

Lectures convergentes

Sur un portrait de femme :
Les chambres de bois d'Anne Hébert

Dans la foulée du féminisme :
L'Euguélionne de Louky Bersianik
Les fées ont soif de Denise Boucher

Pour une réflexion sur la condition féminine :
Lettres d'une autre de Lise Gauvin
Chronique du pays des mères d'Élizabeth Vonarburg
La nef des sorcières de Luce Guilbeault, Marthe Blackburn, France Théorêt, Odette Gagnon, Marie-Claire Blais, Pol Pelletier et Nicole Brossard

Pierre Vadeboncœur

Nous avons déjà présenté Vadeboncœur au chapitre 2. La ligne du risque *est son texte le plus célèbre. Il a d'abord été publié dans une revue,* Situations, *avant d'être repris dans un recueil auquel il donna son titre. Dès sa parution,* La ligne du risque *sera reconnu comme un des essais les plus importants de notre histoire : qualifié de coup de tonnerre par l'essayiste Maurice Blain en 1962, il est ainsi salué, plus de 20 ans plus tard, par Robert Vigneault : « Voici un texte inépuisable, jouissant de cette mystérieuse vertu de ressourcement qui caractérise tout "classique"[3]. »*

De ce texte dense et sans complaisance, nous avons choisi le début, qui montre une vision englobante de notre réalité d'alors telle qu'elle était perçue par un Vadeboncœur profondément engagé dans les luttes sociales et politiques. Dans ces pages, l'essayiste oppose à l'image d'une société sclérosée la figure lumineuse de Paul-Émile Borduas.

La ligne du risque — 1962

« Notre maître, le passé. »
Lionel GROULX

« Le passé dut être accepté avec la naissance,
il ne saurait être sacré. Nous sommes
toujours quittes envers lui. »
Paul-Émile BORDUAS

Nous vivons dans une culture qui a détruit le goût et le sens de l'expérimentation et du cheminement. Elle est fondée d'ailleurs sur une expérience aussi contraignante que nulle pour la plupart d'entre nous : l'expérience religieuse nous a liés sans que nous la traversions… Authentique chez quelques-uns, la religion nous a attachés sans que nous l'embrassions. Cette contradiction a refoulé en nous l'esprit, qui a démissionné plutôt que de la dénouer d'une manière ou d'une autre. Nous sommes restés collés à la religion, sans vraiment la pratiquer. Nous avons gardé sa crainte, sans gravir son chemin. Nous avons pris son enseignement jaloux, sans qu'il devienne notre vie. Son exclusivisme nous a fixés, mais ne nous a pas épanouis. Sa vérité, à laquelle on nous avait rivés, a surtout paralysé en nous l'ingénuité et arrêté notre mouvement. Ce qu'on a appelé la mort de notre liberté, c'est cela. Notre liberté est morte d'une allégeance ambiguë donnée à une vérité qu'au fond nous n'acceptions pas et dont nous ne vivions pas. L'esprit est entier et, s'il se donne du bout des lèvres, il s'anéantit. Au lieu d'avancer, nous sommes restés suspendus à une vérité, fût-ce la Vérité. L'esprit lié et retenu comme dans un mariage répudié intérieurement par l'époux.

Comment se libérait-on ? En ne pensant plus à l'esprit. On gardait de celui-ci le souvenir et l'impression d'une complète impasse. Alors, on s'occupait d'autre chose et l'esprit bourgeois arrivait à point pour que l'on s'en dégage. Quelques générations adonnées à la poursuite de l'argent ont vécu cette évasion ; elles ont été tout simplement indignes, comme tout le monde a pu l'observer.

[…]

Je parle comme si le choix d'une liberté n'avait jamais eu lieu, chez nous. Cela est faux ; du moins, c'est exagéré et fait pour mieux marquer le trait. Cela a lieu en réalité, depuis quelques années, surtout chez les jeunes, qui ont tout à risquer, rien à perdre, pas même une méthode… Chez eux, toutefois, cela m'impressionne un peu moins, parce que la jeunesse est d'une disponibilité totale et facile à mettre en œuvre. La jeunesse est plus casse-cou, mais son expérience est encore trop mince pour que ses gestes aient tout le sens qu'ils prendraient plus tard. Mais il y a eu un maître, dont tout le mouvement actuel pourrait relever. C'est Paul-Émile Borduas.

Borduas fut le premier à rompre radicalement. Sa rupture fut totale. Il ne rompit pas pour rompre; il le fit pour être seul et sans témoin devant la vérité. Notre histoire spirituelle recommence à lui. Il a tout donné ce qu'il avait reçu; donné au bazar, jeté. Plus de subterfuge; rien plutôt. Il lui fallait jeter le manche après la cognée, tout laisser tomber. Peu importe d'où l'on part; les artistes savent l'importance d'un point de départ arbitraire. Si nous devons être jugés, nous ne le serons pas sur le point d'où nous partons dans les ténèbres de l'univers; les hommes d'Église devraient savoir cela. Borduas fut le premier à se reconnaître dans l'obscurité totale et à assumer son vrai dénuement [...]. Il fut un être spirituel de ce temps. Il lui fallait tout abandonner, parce que tout était organisé; il lui fallait tout révoquer en doute, parce que chaque parcelle de la vérité tenait dans un système. Des théologiens, qui sont souvent des moralistes à bon marché, vous diront qu'il y a l'orgueil, mais on peut leur répondre qu'il y a aussi la lâcheté et le mensonge. Rejoindre les ténèbres peut être un acte de vérité. Le point d'arrivée non plus ne sert pas nécessairement à juger un homme. Ces deux choses sont tout à fait relatives.

Mais je n'insisterai pas sur sa démarche du simple point de vue de sa justification morale ou métaphysique, puisque ce n'est pas exactement mon propos. Je poserai plutôt la question : que se trouvait-il à faire historiquement? C'est à ce point de vue, entre autres, que son acte fut inouï. En fait, il a brisé notre paralysie organisée. Il l'a anéantie d'un seul coup, par son refus global. Il fut le premier, que je sache, à faire cela. Jamais personne avant lui n'avait prouvé le mouvement. Tous, plus ou moins, avaient tergiversé. Personne, ou presque, n'avait été assez spirituel pour tenter enfin une véritable expérience. Borduas s'en est remis complètement à l'esprit. Il a tout joué. Le Canada-français moderne commence avec lui. Il nous a donné un enseignement capital qui nous manquait. Il a délié en nous la liberté.

Son rôle est mal connu. L'histoire n'a pas encore adopté Borduas. Il n'en est pas moins sûr qu'il fut l'exacte réponse à notre problème séculaire de la liberté de l'esprit. N'entendez point licence. Entendez liberté, entendez désir, soif, fidélité. Entendez amour, réponse à l'appel, droiture, intransigeance, vocation, flamme. Il s'est mis sur la route. Dans notre culture contrainte, où domine l'empêchement, dans notre petite civilisation apeurée et prise de toutes parts, il a, rompant toutes les amarres, introduit le principe d'une singulière animation. Il a posé l'exemple d'un acte. Il s'est avancé jusqu'au bout de sa pensée. Il a fait l'expérience complète de sa part de vérité. Il nous a totalement légué ce qu'il savait. Il mourut après avoir tout dit. Enfin quelqu'un avait tout livré.

C'était bien nous débloquer d'un seul coup de notre perplexité séculaire. C'était exécuter pour nous le modèle de ce que la civilisation attend de l'homme. Surtout, et de l'angle que je me suis assigné ici, c'était nous indiquer le mode ou l'attitude, révolutionnaire s'il en fût par rapport à ce qui existait et à ce qui nous tenait dans une dérive complète au fil de l'histoire, le mode, ou l'attitude, ou le geste par lesquels nous pourrons espérer l'affirmation progressive d'un sens à notre aventure historique. Si l'esprit en effet ne finit point par se dégager, chez nous, je ne vois pour nous d'aboutissement que celui d'un peuple assez mol, sans justification historique, sans rien qui le signale, et dont le fol attachement borné à ce qu'il appelait ses traditions lui vaudra finalement la disparition qu'il n'aura cessé de mériter. Borduas culbute la tradition et nous imprime une direction nouvelle. La réflexion nationale peut trouver en lui des thèmes de pensée qu'elle n'épuisera jamais. Il est curieux que cet artiste naturellement philosophe ait réussi par son exemple à élever devant nous une image verticale, une image vraiment moderne de notre avenir. Son exemple se dresse comme de la grande architecture moderne parmi nos champs. Il est bizarre que ce soit l'art et un philosophe inculte mais formé par l'art, qui soudainement nous parlent par des signes auxquels on ne puisse que reconnaître la valeur d'une étrange révélation pour notre avenir. Ou plutôt, ce n'est point bizarre, pour accidentel que cela soit ; car l'intuition, moyen de connaissance de l'art, peut toucher infiniment mieux les choses que ne le peuvent les dissertations des universitaires et les lumières des chefs de clans.

Mais qu'est-ce qu'il nous dit ? Qu'est-ce qu'il a fait ? Il s'est placé d'une seule coulée dans une position inattaquable. Dès l'instant où il se fut mis dans un état de dégagement total, son éclatante carrière de liberté devint chose certaine. Cette percée du néant à l'être, ce passage des éléments aux déploiements de l'être, cette poussée de l'informe aux conséquences, cet accomplissement d'une prédesti-nation, ce voyage authentique et réel d'un homme selon la route secrètement inscrite en lui-même, événement si rare chez nous, c'est chez Borduas que nous en trouvons le premier, peut-être, mais sûrement le plus grand exemple. Il passa là où personne, semble-t-il, n'avait passé. Considérez que, jusqu'à lui, tout détournait un homme d'utiliser à fond sa liberté. Tout le détournait de concevoir, de s'attacher à son image ou à sa vérité, de vouloir selon sa lumière, de poursuivre, de se tromper aussi ; nul n'avait le droit d'être de Samarie. Nous nous sauvions par la tiédeur, par l'asepsie religieuse. Il fut le premier, peut-être, mais sûrement le premier maître à jouer son salut sur le mode majeur des choix de la liberté. Il fut le premier à dire totalement ce qu'il cherchait, à achever ses démarches ; il dégagea son esprit jusqu'à sa mort. Plus que quiconque, il nous donna l'exemple d'une liberté accomplie.

[…]

La ligne du risque, p. 167-168 et 185-189.
© Hurtubise HMH, 1963.

Des questions pour lire et analyser, réfléchir et mettre en parallèle

Lire et analyser

1. Retrouvez dans ce texte des manifestations de l'esprit critique à l'œuvre dans l'essai.

2. Vadeboncœur présente Borduas comme un être d'exception. Retrouvez les traces textuelles qui traduisent cette vision du personnage.

3. Malgré la distanciation de l'esprit critique, ce texte est fortement marqué par la subjectivité. Comment celle-ci se révèle-t-elle ?

Réfléchir

1. Quelle image Vadeboncœur propose-t-il de notre passé ? Résumez-en les grandes lignes.

2. Comment peut-on dire ici que l'essayiste s'engage dans le présent ?

3. Peut-on dire que le texte de Vadeboncœur appartient au littéraire ? Justifiez bien votre réponse.

Mettre en parallèle

1. Le portrait de Borduas proposé ici ressemble-t-il à celui que trace en filigrane le texte du *Refus global* (p. 9) ? Les deux images coïncident-elles ?

2. Les textes de Vadeboncœur et de Le Moyne (p. 73) abordent le thème des erreurs du passé. Ces erreurs ont-elles des causes communes ? Peut-on dégager des convergences entre leurs visions du passé ?

3. Comparez les portraits du Canadien français que tracent, à peu d'années d'intervalle, Vadeboncœur et Gagnon (p. 42). Sont-ils semblables ?

Lectures convergentes

Sur le risque d'être :
Un pays sans chapeau de Dany Laferrière
Poésies de Saint-Denys-Garneau
Les îles de la nuit d'Alain Grandbois

Sur le risque de la liberté :
Le vierge incendié de Paul-Marie Lapointe
La complainte des hivers rouges de Roland Lepage
Éthel et le terroriste de Claude Jasmin

Jacques Ferron

Jacques Ferron, une des grandes figures de notre littérature, fut un écrivain prolifique. À sa mort, en 1985, il laissait plus de 30 œuvres, romans, contes, pièces de théâtre et essais. Il naquit à Louiseville, près de Trois-Rivières, en 1921 et devint médecin, profession qu'il pratiquera toute sa vie, d'abord dans l'armée – il devra démissionner pour insubordination –, puis en Gaspésie et enfin à Longueuil, où il tiendra cabinet ouvert presque jusqu'à sa mort. Au début de sa carrière, le théâtre semble son principal champ d'intérêt, mais les années 60 le voient se tourner du côté du roman où, dès les premières publications, il affirme à la fois sa maîtrise du genre et sa profonde originalité. Dans ses œuvres se mêlent l'humour, la dérision, la réflexion et un amour profond pour ce pays incertain qu'est pour lui le Québec. Très présent dans les journaux – notamment Le Devoir *et la très sérieuse* Information médicale et paramédicale *–, il fut un chroniqueur à l'humour parfois caustique et, dans les colonnes du « Courrier des lecteurs », un polémiste redoutable. Le titre de l'ouvrage retenu,* Escarmouches, *présente à lui seul le programme de Ferron essayiste. Nationaliste en marge des idéologies convenues, Ferron est surtout un iconoclaste, comme en témoigne la fondation, en 1963, du parti Rhinocéros, parti de la dérision qui présentera des candidats dans plusieurs élections fédérales et accordera à Ferron le titre honorifique d'éminence de la Grande Corne.*

Publiée dans le Petit Journal, *« La belle parade d'Arthur Buies » révèle la grande culture de Ferron et son étonnante connaissance de l'histoire du Québec, la grande et la petite. Présenter ce texte comme un essai employant le discours critique analytique serait certainement impertinent ; cependant, on y voit esquissés quelques traits de la société québécoise, et l'esprit critique, comme toujours chez Ferron, y est omniprésent.*

La belle parade d'Arthur Buies[4] — 1969

Alors que nos zouaves partirent avec pompes et fanfares pour voler à la défense du Saint-Père, «nouveaux croisés», disait-on, Arthur Buies, après avoir annoncé aux populations qu'il s'en allait, lui, défendre Garibaldi, est parti sur un plus petit pied; de la Haute-Ville de Québec jusqu'au bateau, arborant le tricolore italien, il a fait sa parade fièrement, passant devant la Basilique, mais il n'a entraîné personne, de sorte qu'il a eu plutôt l'air d'un hurluberlu. Mais qu'importe son air? C'est lui qui avait raison.

Son anticléricalisme[a] eu ceci de bon qu'il a pu juger par lui-même que le pouvoir de l'Église au Québec n'a jamais disposé de grands pouvoirs de répression, qu'il a toujours été facile de le contester, voire de le moquer. Cependant, il est arrivé ceci de curieux. Tout au long du XIXe siècle, les voix anticléricales se sont faites moins nombreuses. Arthur Buies lui-même s'est rallié. Quelle en est la raison? La raison est simple: ces anticléricaux, pour la plupart instruits et lucides, se rendaient compte que l'Église au Québec formait une église nationale. Ils se sont tus parce qu'ils avaient à cœur leur pays. Cet état de choses a duré jusqu'à 1945, année tragique.

Les chroniques de Buies sont agréables à lire; elles décrivent nos provinces, nos villes et villages. Buies avait compris cette autre chose très importante que, dans un pays comme le nôtre qui n'a pas été dit, le sujet de l'écrivain, c'est le pays lui-même. De plus, il a laissé une analyse très juste de la situation littéraire, s'érigeant contre ceux qui voulaient faire de la littérature pour la littérature. Car, dès le siècle dernier, on parlait déjà de «notre littérature nationale». Buies se moquait de cette prétention, car, disait-il, «tout n'est pas d'avoir des écrivains, il faut encore des lecteurs». Ces lecteurs, nous ne les avions pas encore en nombre suffisant.

Pierre Baillargeon, dont on vient de publier un recueil posthume d'articles et de conférences chez HMH[b], exprimait à peu près la même opinion dans son dernier roman: *La neige et le feu*[c]. Baillargeon y raconte sa rencontre avec Valéry. «Faute de savoir que l'esprit de l'écrivain est par excellence l'esprit d'escalier (écrire, c'est parler hors de propos, trop tôt ou trop tard)», il fut un peu déçu par le grand écrivain français. Voici l'esquisse qu'il en fait: «D'admirables yeux bleus, d'une tendresse et d'une rêverie immenses contrastaient avec une forte moustache taillée à l'américaine, et qui traduisait peut-être chez ce petit homme le souci de paraître viril. »

Mais la surprise de Baillargeon fut la suivante : Paul Valéry ressemblait d'une manière frappante à maître Aimé Geoffrion : mêmes traits, mêmes gestes, même tic. Et Baillargeon de se demander : « Est-ce qu'il suffirait à un poète pur de vivre au Canada pour se changer en juriste ? » Cela est fort possible pour la bonne raison qu'à l'époque où il a vécu, le Québec n'avait pas encore les moyens de se payer un Valéry. C'était un petit pays aberrant qui ne s'était pas constitué centre du monde.

---

a. *La lanterne d'Arthur Buies*, textes choisis et commentés par Marcel-A. Gagnon, Montréal, Éditions de l'Homme, 1964.
b. Pierre Baillargeon, *Le choix*, Montréal, Éditions HMH, 1969.
c. Pierre Baillargeon, *La neige et le feu*, Montréal, Éditions Variétés, 1948.

Escarmouches, p. 273-275.
© Leméac, 1998.

Des questions pour lire et analyser, réfléchir et mettre en parallèle

Lire et analyser

1. On le constate, dans ce texte le JE se tient complètement en retrait. Repérez ce qui renforce l'objectivation du texte et ce qui manifeste malgré tout la vision subjective.
2. Le parcours textuel est ici assez digressif : retrouvez-en les principales étapes.
3. À la base de l'essai se trouve cette conviction de l'écrivain que, bien que tout ait été dit, il a quelque chose d'unique à proposer. Comment cette conviction se manifeste-t-elle ici ?

Réfléchir

1. L'essayiste questionne la société à laquelle il appartient ; il s'engage dans le présent. En quoi cela est-il vrai ici, dans ce texte qui parle d'une époque révolue ?
2. Comment le premier paragraphe – anecdotique – éclaire-t-il le propos que Ferron tient sur la société québécoise ?
3. Peut-on considérer que l'anecdote de la rencontre de Baillargeon et de Valéry est purement digressive ?

Mettre en parallèle

1. Peut-on faire des rapprochements entre la vision du Québec d'hier que propose Ferron et celle du *Refus global* (p. 9) ?

2. En vous appuyant sur leur introduction et leur conclusion, comparez les projets respectifs des textes de Ferron et de Baillargeon (p. 45), en regard de notre société.

Lectures convergentes

D'Arthur Buies :
La Lanterne

Sur la description du pays :
Kamouraska d'Anne Hébert
La tournée d'automne de Jacques Poulin

Sur la société québécoise de la première partie du siècle :
La Scouine d'Albert Laberge
Le Survenant de Germaine Guèvremont

Jacques Godbout

Jacques Godbout a touché, semble-t-il, à tous les domaines des arts et des lettres, tour à tour romancier et cinéaste, dramaturge et journaliste, et essayiste, bien sûr. Né à Montréal en 1933, il enseigne brièvement avant d'entrer à l'Office national du film (ONF) à titre de cinéaste et de scénariste. Parallèlement, il collabore à de nombreuses publications, notamment au Devoir*, à la revue* L'Actualité *et à* Liberté *– dont il a participé à la fondation. Depuis 1987, il est éditeur aux Éditions du Boréal. Son œuvre romanesque est considérable : ainsi, son roman* Salut Galarneau ! *a mérité le prix du Gouverneur général. Comme essayiste, il s'intéresse particulièrement à la société québécoise ; son intérêt pour la question nationale et sa connaissance des milieux de diffusion de la culture le conduisent à poser un regard à la fois passionné et critique sur l'actualité.*

Le murmure marchand regroupe plusieurs textes où Godbout analyse – et dénonce – notre relation avec le monde des médias de masse ainsi que notre dépendance envers celui-ci. Nous présentons ici la première moitié de l'essai que Godbout consacre à la réalité de l'écrivain contemporain.

L'écrivain d'affaires : la littérature mise à prix — 1981

La fin de ce siècle marquera-t-elle la mort d'une conception romantique de la littérature ? Et l'apparition d'une vision économique de l'écriture ? La naissance des syndicats, des unions, les querelles des Sociétés de perception, les nouveaux slogans qui appuient le droit au salaire de l'écrivain, les attitudes inattendues des poètes qui s'étonnent de n'être pas payés pour chaque ligne rimée, les politiques gouvernementales qui, au fédéral en ce qui touche aux droits d'auteurs pour les livres empruntés en bibliothèque, au provincial pour ce qui est de la photocopie, problèmes traités au niveau international par ailleurs, et jusqu'à la publication d'un engagement formel du gouvernement québécois sur la rémunération des créateurs, est-ce autant de symptômes d'une idéologie galopante ?

L'éditeur Laffont, dans un texte publié pour célébrer l'anniversaire de sa maison, se désolait récemment de ne plus trouver les relations avec les auteurs aussi agréables qu'autrefois. Hier le simple fait d'être publié, mis en librairie, suffisait à l'écrivain. La gloire était notre salaire. Aujourd'hui chacun se conduit comme un locataire et recourt à la Régie des Loyers pour le moindre accroc. L'éditeur est vu comme un propriétaire avec qui le bail est négocié durement. Il n'y a plus, ou presque, de grandes amitiés entre des écrivains et des directeurs de maisons d'édition. Les auteurs changent de toute façon d'éditeur comme de chemise, et l'écrivain n'est même pas étonné et ravi d'être « découvert ». Cela lui revient, croit-il, *de droit*. Tout un chacun s'étonne de ne pas être sur la liste des best-sellers.

Or il me semble, une fois encore, que cette attitude nouvelle, cette conception de la *littérature payante*, n'est pas une idée d'intellectuel, mais une réalité du marché que les écrivains se tuent à justifier et structurer. Quand nos livres, après trois semaines sur un comptoir, parce qu'ils n'ont pas bougé, sont retirés d'office comme des tomates trop mûres, nous ne sommes plus en littérature pour la gloire, mais en littérature pour l'argent. Le modèle de l'écrivain n'est plus le héros militaire ou l'aventurier, c'est le comptable, le courtier. La littérature ne se discute plus dans les cafés enfumés, elle se débat à la bourse des traductions et au coût du papier, à Francfort, à Montréal ou à New York. La littérature a été mise à prix. L'écrivain aussi. Il faut faire le Goncourt. Et il en est de même pour les autres arts.

Au temps du roi, l'élite écrivait pour l'élite et cherchait la reconnaissance de la cour. Corneille voulait tant une pension que, quand il l'obtint, il cessa tout de go d'écrire. La diffusion de l'imprimé et de l'instruction fit ensuite du peuple le *bene-factor*. Pour séduire le peuple il fallait être *avec* lui. Le poète des temps classiques était un sage qui maniait le code mieux que quiconque. Virtuose. Son modèle? Le gentilhomme, qui ne bouleverserait jamais l'ordre établi. Puis le romantisme s'installa avec la révolution industrielle. Tout devint possible, même s'enrichir sans pour autant appartenir à la noblesse. L'écrivain se mit à écrire pour changer le monde, il était le fils «rebelle» de la bourgeoisie. Son modèle? Le militaire qui se battait l'épée nue pour la gloire de la patrie, l'aventurier qui explorait des contrées lointaines au temps béni des colonies.

On pourrait poursuivre ces descriptions en les raffinant. Qu'il suffise de dire que l'écrivain-type et sa justification ne sont pas le fruit d'une volonté des littéraires. La principale tâche du «milieu» consiste en effet à justifier *à mesure* les changements de modèles.

[…]

Le murmure marchand, p. 117-119.
© Boréal, 1989.

Des questions pour lire et analyser, réfléchir et mettre en parallèle

Lire et analyser

1. Retrouvez des passages marqués par le discours critique analytique.
2. Dégagez la problématique centrale et les principales propositions du texte.

Réfléchir

1. Observez le travail stylistique; en quoi vient-il appuyer la réflexion critique?
2. Diriez-vous de ce texte qu'il manifeste une objectivation du réel, que le JE veut y pondérer son expérience? Justifiez votre réponse par des faits de texte.
3. Examinez le texte: le lecteur est-il, ici, partie prenante de la réflexion critique?

Mettre en parallèle

1. Confrontez ce texte à celui de Jacques Brault (p. 24). Les portraits de l'écrivain que les deux auteurs proposent offrent-il certaines ressemblances?
2. Comparez la vision de la société québécoise que proposent Godbout, ici, et Borduas, dans son *Refus global* (p. 9). Leurs griefs entretiennent-ils une certaine parenté? Justifiez votre réponse.

Lectures convergentes

Sur la création littéraire et le marché :
Les maladresses du cœur de Gilles Archambault

Sur le statut de l'écrivain d'ici :
Écrire de la fiction au Québec de Noël Audet
Le chant du sink de Jean Barbeau

Gilles Marcotte

Gilles Marcotte est une des autorités incontestées du monde de la critique au Québec. C'est comme critique littéraire, mais aussi comme lecteur et amoureux du texte, qu'il se manifeste à titre d'essayiste. Né à Sherbrooke en 1925, il a enseigné à l'Université de Montréal et est critique et chroniqueur au Devoir, *à* La Presse *et à* L'Actualité. *Beaucoup de ses textes journalistiques ont été regroupés dans des ouvrages comme* Une littérature qui se fait *ou* Littérature et circonstances, *que nous avons retenu ici. Au fil de la carrière de Gilles Marcotte, plusieurs prix importants ont salué la qualité et la constance de son engagement envers la littérature d'ici et d'ailleurs. Homme de nuance et de respect du texte, Marcotte disait, en 1995, au poète Jean Royer : « L'œuvre a toujours raison[5]. » Il est également romancier et critique musical.*

Littérature et circonstances reprend des textes publiés dans divers journaux et certains ouvrages collectifs. À travers leur apparente diversité, l'ouvrage propose une réflexion étonnamment cohérente sur la littérature, certes, mais aussi, comme c'est le cas ici, sur notre identité. L'essai que nous reproduisons permet de saisir quelques jalons indispensables de cette réflexion.

Découvrir l'Amérique — 1989

Quand je pense Amérique, je pense d'abord États-Unis d'Amérique – ça, c'est clair, c'est net et c'est même un peu écrasant –, puis viendra l'Amérique du Sud ; enfin je penserai peut-être au Canada, au Québec, mais avec certaines réticences, un certain malaise car dans mon expérience de parole et de lecture le mot Amérique ne se superpose pas de lui-même à ceux qui définissent mon coin de terre. En somme, le mot Amérique ne m'appartient pas. Il évoque pour moi, d'entrée de jeu, une réalité étrangère – presque autant que la vieille Europe. Je sais bien que Montréal ressemble à New York plus qu'à Paris ; que les espaces de mon pays se mesurent mieux à l'aune du Brésil qu'à celle de la France ; que les lacs des Vosges, par exemple, n'ont à peu près rien de commun avec les miens. Je vis en Amérique, mais je ne le sais pas. Et si je ne le sais pas, c'est qu'on ne me l'a pas conté.

Le Canada français ne s'est pas raconté l'Amérique – le Canada anglais non plus d'ailleurs –, et il est significatif que, parmi nos écrivains du dix-neuvième siècle, le poète Louis Fréchette, pour chanter *la Légende d'un peuple* (le nôtre), ait emprunté le décor du Mississippi, que les romanciers en quête d'épopée n'aient trouvé à célébrer que les gloires également lointaines du Régime français. Plus récemment, quelques écrivains ont tenté d'affronter l'immensité américaine – et Dieu sait que nous en avons de l'immensité ; mais prenez garde, c'est une immensité nordique, une immensité vide où l'homme ne s'aventure qu'en tremblant. Nous sommes vite rentrés dans nos villages.

Ainsi donc, dans un certain sens – qui n'est pas le sens complet, je m'empresse de le dire –, l'Amérique nous manque et nous manquons à l'Amérique. Dans le même sens, nous manque le roman… américain. Ici, je vais me permettre de simplifier, de caricaturer même outrageusement. Lorsque j'imagine le roman d'Amérique, avant tout effort de réflexion, de vérification, je vois un livre de dimensions considérables, abondant en mots, en personnages, en événements, en aventures et qui correspond assez exactement à la définition de Mary McCarthy : « Un livre en prose d'une certaine épaisseur qui raconte une histoire de la vie réelle. »

Je me place par exemple devant un roman d'Asturias, ou de Ralph Ellison, et l'étonnement me saisit : comment diable a-t-on pu accumuler tant de mots, de faits, de quelle source un tel fleuve a-t-il pu naître ?

Je m'étonne, naïvement, parce qu'autour de moi, dans ma bibliothèque autochtone, je ne vois que trois ou quatre exemples d'une telle prodigalité verbale. Nos romanciers font court – et c'est une des raisons, à ce qu'on m'a raconté, pour lesquelles, à la Foire de Francfort, les éditeurs québécois éprouvent des difficultés à vendre les droits de traduction de leurs livres : un roman très bref, paraît-il, se vend mal. Et j'ajoute, revenant à mon propos : il ne fait pas américain. Le *rêve américain*, même quand il tourne mal, quand il vire au cauchemar – et cela lui arrive, semble-t-il, au Sud comme au Nord –, suscite comme naturellement un espace littéraire de grandes dimensions, homologue à l'espace réel dans lequel il se déploie.

Ces quelques observations peuvent nous conduire à la conclusion que formulait il y a une quinzaine d'années un de nos plus brillants essayistes, Jean LeMoyne : « [...] l'invention et la forme de l'Amérique, disait-il, ne sont pas françaises. » C'est-à-dire non canadiennes, non québécoises. Ce serait totalement vrai si l'Amérique, si l'entreprise américaine pouvait être ramenée à une seule forme ; si l'Amérique était encore, aujourd'hui, complètement exprimée par l'idéologie de la conquête, du développement illimité. Je crois que nous vivons, que notre roman vit actuellement l'Amérique sous une autre forme – ou non-forme –, celle de l'éclatement. Du village, nous sommes passés, presque sans transition, au village global de qui vous savez. Nous avons fait cela très vite, parce que chez nous la grande tradition romanesque, la tradition venue du dix-neuvième siècle, dans laquelle s'est développé le roman des Amériques comme celui de tous les pays du monde occidental, cette tradition, dis-je, n'avait presque aucun poids, n'existait qu'à l'état d'un désir de tête, constamment réaffirmé, toujours contredit par l'expérience. En d'autres termes, nous sommes passés de l'Amérique originelle, celle des toutes premières perceptions, à l'Amérique saturée de son mythe et le remettant en question ; de l'ère pré-industrielle à l'ère post-industrielle ; du simple récit de faits à ce je ne sais quoi qui succédera peut-être au bon vieux gros roman. Le dix-neuvième siècle, et l'ensemble des formes qui lui sont associées, ne furent pour nous qu'un malaise. Aussi bien les récits qui naissent au Québec depuis une quinzaine d'années se présentent-ils comme des tohu-bohu de formes : contes, fables, allégories, un soupçon d'épopée même, enfin le contraire même du réalisme romanesque. L'utilisation du langage populaire – ce que nous appelons le joual – contribue à cet éclatement. À vue de nez pour ainsi dire, si l'on en croit les auteurs mêmes qui l'emploient, il s'agirait d'une tentative de différenciation par rapport au français de France, d'affirmation collective ; je pense que c'est plutôt une façon, fort efficace dans quelques œuvres, de faire éclater le langage, de se débarrasser de l'héritage d'un siècle de constipation littéraire. Le joual est une bombe. Cette langue française bien lustrée, que nous croyions conserver en la maintenant sous cloche de verre, il l'expose aux microbes et aux virus de la vie en plein air. En somme, pour la première fois, selon la savoureuse expression d'une épistolière du Régime français, Madame Bégon, nous *chantons sauvage*. C'est peut-être notre manière à nous de parler américain.

L'exemple le plus frappant, le plus extrême de ce parler sauvage, de ce tohu-bohu de formes, on le trouvera dans un roman de Réjean Ducharme, *la Fille de Christophe Colomb*. Le voici donc enfin notre roman américain, et voici le découvreur lui-même. À vrai dire, il n'a pas très bonne mine, le découvreur ; il est dépeint comme un vieux pêcheur gâteux, capricieux, radoteur, égoïste. Le roman non plus n'a pas bonne mine, empruntant à l'épopée sa forme versifiée, son bric-à-brac mythologique, pour les caricaturer férocement. Christophe Colomb se meurt et c'est sans doute l'Amérique qui se meurt, c'est-à-dire la notion même d'un *nouveau monde* virginal, l'innocence comme valeur. Voyez ce qui arrive à Colombe Colomb, qui est l'innocence même et n'est pas moins découvreuse que son père. La suite des aventures rocambolesques, toujours cruelles, qui lui arrivent dans quelque pays qu'elle voyage, montre bien qu'il n'y a plus de terres vierges à découvrir, et que l'innocence est un leurre. L'intérêt du roman de Réjean Ducharme ne réside pas, d'ailleurs, dans une sorte de leçon morale, de nostalgie des origines. Le jeu de massacre auquel il se livre dit la mort d'une Amérique ; mais aussi, en même temps il suscite un monde d'interrelations immédiates, où les formes venues de tous les coins de l'horizon géographique et temporel sont malaxées, triturées, jetées au vent de l'aventure, et ce monde ne me paraît pas être sans rapport avec une expérience typiquement américaine. *La Fille de Christophe Colomb* ne pouvait être écrit qu'ici, au Québec. Nous venons peut-être de découvrir l'Amérique – et ce n'est pas celle de Fenimore Cooper.

Littérature et circonstances, p. 91-94.
© L'Hexagone, 1989.

Des questions pour lire et analyser, réfléchir et mettre en parallèle

Lire et analyser

1. Observez le travail stylistique dans le premier paragraphe et montrez en quoi il nous aide à dégager les principales propositions du texte.

2. Comment la tendance à objectiver l'expérience personnelle se manifeste-t-elle ici ? Donnez-en quelques exemples.

Réfléchir

1. En quoi ce texte peut-il être associé à la quête identitaire ? Quel est son questionnement propre ?

2. Quelle vision de la littérature québécoise ce texte nous offre-t-il ?

3. Quand Marcotte emploie les mots *américains* et *Amérique,* que désigne-t-il ? N'y a-t-il pas là une certaine ambiguïté ?

Mettre en parallèle

1. Les textes de Marcotte et de Ferron (p. 82) mettent en cause le lien entre notre littérature et son territoire. Leurs visions offrent-elles des similitudes ?

2. Marcotte montre ici le Québécois comme étranger à sa propre réalité géographique. Ce thème de l'inadéquation se retrouve également dans le début de *La détresse et l'enchantement* de Gabrielle Roy (p. 27). Comparez-en le traitement.

Lectures convergentes

Sur la problématique de l'américanité :
Volkswagen blues, de Jacques Poulin
Frontières ou tableaux d'Amériques de Noël Audet

Sur le questionnement identitaire et national :
Suite fraternelle de Jacques Brault
Médium saignant de Françoise Loranger
L'homme rapaillé de Gaston Miron

Luc Bureau

Né en 1935, Luc Bureau est géographe. Il enseigne à ce titre à l'Université Laval. Ses premières parutions touchent davantage l'agriculture que la littérature. Mais, en 1985, la parution de son premier essai, Entre l'Éden et l'Utopie, *le révèle immédiatement comme un essayiste important : sa mise en lice pour le prix du Gouverneur général en témoigne.* La Terre et Moi *vient, sept ans plus tard, confirmer son engagement dans le littéraire. Son regard est fondamentalement différent, marqué à la fois par des savoirs*

*scientifiques et par une vaste culture humaniste ; cette association
peu courante favorise l'émergence d'une pensée originale et
unique dans notre paysage littéraire.*

*La Terre et Moi s'est construit autour de la volonté de « donner un
sens au Canada »[6] et autour du constat que c'est, en définitive,
l'espace québécois qui nous définit. Au cœur de cet espace, le
fleuve Saint-Laurent, qui conduit « notre essentielle participation à
l'aventure du monde »[7]. Nous avons retenu, du chapitre 6 consacré
au fleuve, toute la dernière partie, sous-titrée « Au fil du monde ».
Cette conclusion adopte un ton plus méditatif ; elle n'en aborde pas
moins la question de l'identité nationale sous un angle critique.*

Au fil du monde — 1991

Après bien des glissements, brassages et recyclages, les eaux du Saint-Laurent
baignent les côtes de l'Europe, de l'Afrique aussi. Elles mouillent également la
côte est des États-Unis, et sans doute d'autres littoraux plus lointains. Ce ne
sont pas là des métaphores. Les mouvements océaniques ne connaissent pas
les métaphores ; ils emploient leur énergie à d'autres transferts : liquides,
concrets, énormes.

Je ne sais pas si ce regard est rigoureusement conforme à la réalité. Personne
ne le sait d'ailleurs. Qui pourra jamais dire les péripéties de la vie haletante
d'une goutte d'eau laurentienne qui voyage sur des milliers de kilomètres ? Il
faudrait pour réussir le coup lui attacher une clochette ou lui appliquer un
enduit phosphorescent ! En attendant que l'exploit se réalise, je me laisse
porter par cette hypothèse féconde et raisonnable : les eaux du Saint-Laurent
fouettent les côtes de l'Europe, de l'Est américain et de l'Afrique peut-être,
elles liment leurs falaises, roulent le sable des plages, soulèvent et bousculent
les cailloux, déposent des coquillages, des vases, des écumes, des sirènes sans
doute, répandent des odeurs et des bruits. Ce que ces continents donnent à
percevoir résulte, au moins en partie, des eaux perdues d'un fleuve qui, à
première vue, semble parfaitement étranger et innocent des configurations de
ces terres. Telle est la règle de la circulation des eaux, qui fait d'un lieu
singulier un lieu universel, ou plutôt qui ouvre un lieu singulier à l'universel.

Il y a là, je crois, une image de notre essentielle participation à l'aventure du
monde, dont le fleuve balise les grandes avenues. Il s'impose avant tout de

retrouver son centre de gravité, de renouer ses amarres. On ne peut s'identifier au monde, agir sur le cours de l'univers, sans s'inscrire d'abord dans l'épaisseur vraie d'un lieu singulier ; il faut bien que les hommes aménagent leur arrière-cour avant de s'ouvrir aux horizons lointains, sans quoi ils risquent d'être déboussolés ou d'échouer. Quand nous en aurons fini d'atermoyer sur notre condition d'« être ou ne pas être », quand nous nous serons réapproprié le fleuve en y plaçant notre mémoire et nos projets, peut-être aurons-nous droit de nous lancer pleinement dans l'aventure du monde. En attendant, nous ne pouvons qu'évoquer mollement les voies possibles de cette aventure.

Lorsque j'essaie d'entrevoir les voies d'ouverture du Québec au monde, je ferme les yeux et me laisse emporter par les eaux du fleuve. Irrésistiblement, le courant m'entraîne d'abord vers l'Europe. Je ne voudrais pas que cette migration de l'esprit soit interprétée comme un entichement élitiste de ma part, ni comme une tentative de me « scalper de mon cerveau » nord-américain. Je ne me pose pas la question de savoir si la culture européenne est supérieure à la culture américaine ; les deux ont sans doute leurs mérites et leurs insignifiances. J'essaie plutôt de saisir la configuration d'une culture, son mode d'être particulier, sans présumer de son niveau d'élévation ou d'excellence. Toute complaisance abolie, il reste cette idée : l'identité québécoise ne peut se réaliser qu'en assumant pleinement, en terre d'Amérique, l'héritage européen. Aucun mimétisme culturel aveugle et idolâtre là-dedans, aucune velléité de reproduire à tout prix les gestes, les paroles et les pensées de l'autre. Mais l'acceptation de cette réalité incontournable voulant que l'héritage européen le soit de droit, car il est pour une bonne part de notre propre fabrique. Le fleuve en est témoin, qui se donne corps et âme à modeler les contours de l'Europe. Renier cet héritage – de tout temps plusieurs ont été tentés par ce reniement sans se douter qu'ils sciaient la branche sur laquelle ils étaient assis –, c'est mutiler au plus profond notre propre identité. Une culture n'a que moins d'épaisseur lorsqu'on en supprime, pour de pseudo-raisons d'authenticité, des pans entiers.

De par sa genèse, sa population, ses coordonnées et ses repères géographiques, le Québec constitue une avancée de l'Europe en terre d'Amérique. C'est là son mode d'être, unique et irremplaçable. L'éloignement physique n'est pas en cause ; il faut être singulièrement fataliste pour voir l'Atlantique comme une couche isolante, un fossé infranchissable entre les deux entités. Souvenons-nous que la mer, mieux que la terre, joint les régions qu'elle sépare. Je sais par contre que d'autres pays d'Amérique se sont construits dans la logique implacable de la rupture, qu'ils ont voulu se voir, en tout et tout, rien qu'américains. Dès leurs origines, les colonies britanniques tentent de se penser sur un mode d'existence qui ne doit rien à la vieille Europe et à ses institutions mal foutues. À plus forte raison, quand ces colonies proclament leur indépendance et s'instituent les États-Unis d'Amérique, tout un courant d'hostilité et d'exclusion alimente la vie politique et culturelle. Certains patriotes plus ardents regrettent que les Américains soient obligés de communiquer entre eux dans une langue surannée héritée de l'Europe. De Jefferson à Frederick Jackson Turner, en passant par Monroë, Emerson, Hawthrone, Thoreau, Whitman et cent autres, s'expriment ces lancinantes répudiations de l'héritage européen, que consacreront les devises gourmées de l'*American Way of Life*, de l'*American Dream*, ou du *Manifest Destiny*. Le Québec s'est rarement mouillé à de telles présomptions isolationnistes ; s'il s'était avisé de le faire, peut-être ne serait-il même plus là pour se vouloir un pays « distinct ».

Pour sûr que tout n'a pas été dit sur les voies d'ouverture du Québec au monde quand il a affirmé sa solidarité naturelle avec l'Europe. Les eaux du Saint-Laurent rôdent aussi dans les parages des côtes étasuniennes. De falaise en falaise, de marais en place, à travers les flèches, les îles de sable, les grottes et les tombolos, tout le littoral atlantique porte en creux et en relief les empreintes du fleuve. On dirait presque que cette région côtière constitue un prolongement naturel des terres québécoises : une sorte de pendant méridional à l'énorme gong nordique. Cette vision n'a rien d'insolite ; à l'époque coloniale, une certaine seigneurie laurentienne (La Citière) s'avançait à travers montagnes et forêts jusque dans les eaux de l'Atlantique. Même si le jeu des guerres et des traités écorne substantiellement par la suite cette fortune territoriale, la côte Atlantique, plus que tout autre espace nord-américain, demeure toujours un paysage exemplaire, surdéterminé, et par là producteur d'un champ d'énergie qui galvanise tout le Québec. Tout : les distances, les utilités, les nécessités du travail, les itinéraires de vacances, les relations de famille et d'échanges, nous lient à cette zone côtière qui nous rappelle sans cesse notre propre américanité. Fourmillantes cités de rêves, usines où tout se transmue en or et en argent, possibilités toujours ouvertes de « refaire sa vie » : on ne peut entrevoir le jour où l'Est américain aura cessé d'éveiller nos désirs et nos rêves.

Doit-on exiger davantage d'ouvertures au monde ? Sans doute, mais les lignes de direction deviennent plus floues dans la mesure où mon imagination ne parvient plus à suivre la trace des eaux du Saint-Laurent. Faudrait-il alors la laisser naviguer selon le souffle du vent ? Je veux bien mais, en tout état de cause, les vents qui circulent sur le Québec courent rarement en direction de l'ouest ! Quels que soient nos autres itinéraires, ils seront toujours l'effet de cette triple résonance laurentienne, américaine et européenne. Peut-on survivre à une telle mixture ? Il existe, écrit Northrop Frye, une vieille boutade qui raconte que les États-Unis sont passés de la barbarie à la décadence sans avoir connu une période intermédiaire de civilisation. Comme toute plaisanterie du genre, qui veut être comprise, celle-là doit bien contenir une fraction de la réalité. Et c'est peut-être à la recherche d'un approximatif équilibre entre la barbarie, la civilisation et la décadence que nous condamne notre appartenance européenne.

La Terre et Moi, p. 210-214.
© Boréal, 1991.

Des questions pour lire et analyser, réfléchir et mettre en parallèle

Lire et analyser

1. Relevez les segments qui ressortent du discours informatif.
2. Dans quels passages la pensée critique se manifeste-t-elle le plus directement ?
3. Par quels procédés le JE traduit-il sa volonté d'objectiver son expérience ?

Réfléchir

1. Le texte s'élabore autour de la métaphore du fleuve. En quoi cela soutient-il le questionnement identitaire ?
2. Le texte s'appuie sur plusieurs arguments d'ordre historique ; quel rôle l'histoire joue-t-elle ici dans la réflexion sur l'identité ?
3. Comment Bureau voit-il le vieux dilemme du Québécois : être européen ou être américain ?

Mettre en parallèle

1. Bureau avance : « On ne peut s'identifier au monde, agir sur le cours de l'univers, sans s'inscrire d'abord dans l'épaisseur vraie d'un lieu singulier. » Cette vision du problème identitaire rejoint-elle celle que propose Ferron dans « La belle parade d'Arthur Buies » (p. 82) ? Répondez en établissant des liens entre les deux textes.

2. Ce texte aborde un thème très parent de celui de Gilles Marcotte (p. 87). Confrontez leur vision du rapport entre les Québécois et l'Amérique.

Lectures convergentes

Sur le fleuve :
Ode au Saint-Laurent de Gatien Lapointe
Toutes isles de Pierre Perreault

Sur notre *européanité* :
La France et nous de Robert Charbonneau

Sur notre territoire :
Maria Chapdelaine de Louis Hémon
Le Saint-Élias de Jacques Ferron
Terre Québec de Paul Chamberland

Neil Bissoondath

Neil Bissoondath est né à Trinidad en 1955, et a immigré au Canada en 1973. Il habite le Québec depuis plusieurs années. Romancier et nouvelliste avant d'être essayiste, il écrit en anglais. Ses romans ont reçu un accueil chaleureux tant au Canada anglais qu'au Québec où ils sont rapidement traduits. Par son histoire, Bissoondath est associé à ce qu'il est convenu d'appeler la « littérature migrante » – une étiquette qu'il n'acceptera pas volontiers, ayant choisi, comme le souligne Lise Bissonnette dans sa préface du Marché aux illusions, *de « faire du présent sa maison, et de ses origines un ailleurs ». Ce texte, son seul essai à ce jour, a reçu le prix Spirale en 1995.*

Paru en 1994 – en 1995 dans sa traduction française –, Le marché aux illusions *suscite immédiatement de fortes réactions, surtout au Canada anglais. Ennemi des thèses définies par avance et des idées toutes faites, Bissoondath propose dans ce livre une réflexion sur le multiculturalisme, réflexion pondérée et mûrie aux multiples expériences d'un écrivain refusant d'être réduit à son ailleurs. Du neuvième chapitre intitulé « Issues », nous proposons le début, sous-titré « L'ethnicité ».*

L'ethnicité — 1995

L'esprit de division est un dangereux compagnon de jeu, et peu de terrains lui sont aussi propices que celui de l'ethnicité. Il est entouré de hauts murs aussi résistants qu'une obsession. On érigera des tours de guet, des redoutes qui permettront à la fois de se défendre et de surveiller l'ennemi. Comme pour tous les remparts, on pourra soit les accepter comme partie intégrante de la vie, soit y pratiquer des ouvertures – ou les démonter pièce par pièce – parce qu'on les jugera trop étouffants. L'idée qu'on se fait des remparts, la manière dont on vit avec eux, le fait même d'en accepter l'existence, relèvent de chacun de nous.

Cependant, aucune société ne peut tolérer qu'on transforme les divisions ethniques en obstacles. Aucune occasion ne doit être perdue, aucune reconnaissance et aucun avancement ne doivent être refusés. Il ne saurait être davantage question d'invoquer l'ethnicité pour réclamer des occasions, de la reconnaissance ou de l'avancement. Aussi tentant que cela soit, aucune société multiculturelle ne peut permettre que les torts subis hier justifient les récriminations de demain. Dans ce type de société, il est essentiel que toute discrimination s'exerce seulement en fonction des connaissances et de la compétence. Agir autrement – exercer une forme de discrimination à l'endroit de tous les hommes blancs sous prétexte que certains se sont mal conduits dans le passé, par exemple –, c'est appliquer, comme le font souvent sans le savoir ceux qui sont en faveur de la peine de mort, la loi du talion. Il y a quelque chose qui rappelle la vengeance de classe, et une part d'hypocrisie, dans l'idée d'offrir aux victimes, ou à leurs proches, la possibilité de se venger. C'est un peu comme si on soutenait le droit des victimes de torturer leurs bourreaux. Il est important d'obtenir réparation, mais la nature de cette réparation l'est encore davantage, car c'est elle qui donnera le ton au futur. On ne peut refaire le passé, mais l'avenir reste encore à construire, et on doit trouver les moyens qui permettront d'éviter de créer aujourd'hui des ressentiments qui pourraient demain mener à des catastrophes. Comme l'a clairement fait comprendre Nelson Mandela, si l'Afrique du Sud pluriethnique doit un jour connaître la paix et la prospérité, ce ne sera pas grâce à une action punitive qui viserait à corriger les injustices passées ; on ne pourra y arriver qu'à travers l'entière reconnaissance du principe de dignité humaine qui accompagne l'égalité.

Les déséquilibres économiques et sociaux ne se corrigent pas du jour au lendemain. Seule une révolution peut entraîner un changement aussi radical, et si l'histoire du XXe siècle nous a appris une chose, c'est que le changement révolutionnaire est illusoire : c'est seulement les oppresseurs et la nature de l'oppression qui se transforment. Un véritable changement ne peut donc être imposé ; il doit se produire lentement, avec le temps et l'expérience, de l'intérieur.

On a déjà soutenu que le racisme serait un produit aussi typiquement canadien que le sirop d'érable. L'histoire nous en fournit largement la preuve. Cependant, le sens de la mesure exige qu'on rappelle également que le racisme est aussi typiquement américain que la tarte aux pommes, aussi typiquement français que les croissants, aussi typiquement indien que le curry, aussi typiquement jamaïquain que l'*akee* et aussi typiquement russe que la vodka… C'est un plat qui figure au menu de tous les restaurants du monde. Manifestation de la méchanceté des hommes, le racisme n'appartient en propre à aucune ethnie, à aucun pays, à aucune culture ni à aucune civilisation. Cela ne l'excuse pas. Le meurtre et le viol sont aussi des phénomènes répandus dans le monde, propres à toutes les cultures, qui appartiennent au côté le plus obscur de la vie. Toutefois, une société avancée, une société de droit, exige que cette folie ordinaire ne nous rende pas aveugles au contexte général.

Le terme « racisme » gêne : il invite si facilement au chantage. Nous pouvons l'appliquer à volonté à tout incident impliquant des personnes de couleurs différentes : si June Callwood avait injurié une Blanche, il aurait été impossible de l'accuser de racisme. C'est là que réside le danger. Dans le feu de la dispute, nous nous emparons des attributs les plus évidents de l'adversaire pour le stigmatiser – ou nous profitons de tout ce qui, chez lui, peut sembler un signe de vulnérabilité émotive (ou politique, comme dans le cas de Mme Callwood). Les attributs sexuels d'une femme se prêtent facilement à des expressions vulgaires qui ont pour effet de la réduire à une partie intime de son anatomie (le même procédé peut aussi être utilisé contre les hommes). Un homme corpulent peut être traité de porc, un petit de microbe ou de demi-portion. De même, le Noir se change en « nègre », le Blanc anglo-saxon en « wasp », l'Asiatique en « paki », le Chinois en « chinetoque », l'Italien en « macaroni », le Juif en « youpin » et le Canadien français en « frog ».

Ces mots n'ont rien d'agréable : ils sont dégradants ; ils constituent une attaque dirigée contre toute sensibilité. J'ai cependant déjà connu quelqu'un qui, par une étonnante naïveté, les utilisait simplement pour désigner ces groupes et non pour les injurier. Cette personne a été horrifiée d'apprendre la vérité. Bien qu'il s'agit là d'un cas extrême, il n'en demeure pas moins que l'usage des vocables aussi manifestement injurieux n'est pas toujours un signe de haine raciale ou culturelle. Il s'agit parfois seulement d'une marque d'ignorance, de stupidité ou d'insensibilité – mais nous pouvons nous réjouir que le racisme à l'état pur, celui des nazis ou du Ku Klux Klan par exemple, soit une chose rare dans notre société. Il y a là-dedans, grâce à notre tradition de civisme, quelque chose qui nous apparaît comme peu canadien. Pour la majorité d'entre nous, celui qui affiche ouvertement son racisme est source d'embarras.

L'ignorance, non pas l'ignorance volontaire mais celle qui résulte d'une expérience limitée et de préjugés, se traduit souvent par le déni : « Je ne suis pas raciste, mais... » Je pense à ce déménageur, au demeurant plutôt gentil, qui m'a avoué un jour : « Je ne suis pas raciste, mais les Chinois sont tous des chauffards. » Il était convaincu qu'il en était ainsi à cause de la forme de leurs yeux qui, selon sa thèse, limitait leur champ de vision périphérique.

Il en va de même pour cet homme qui, à cause de l'idée qu'il se faisait de l'affection des Indiens pour les blattes, refusait d'habiter les mêmes immeubles qu'eux. Le refus obstiné des membres de la Légion canadienne, qui s'opposent à ce qu'on leur impose une règle qui aurait pour effet d'affaiblir leur emprise sur la dernière parcelle de leur territoire qu'ils contrôlent encore, n'est pas différent. Ils seraient peu nombreux à se déclarer racistes et sans doute qu'une majorité, sinon tous, considéreraient l'accusation blessante ; il n'en reste pas moins que leurs commentaires, souvent faits en toute innocence, les exposent à une telle accusation.

Le vrai racisme repose le plus souvent sur l'ignorance volontaire et sur la facilité avec laquelle nous acceptons les stéréotypes. Dans ce pays, nous aimons croire que la mosaïque multiculturelle nous aidera à atteindre à une plus grande tolérance. Mais, tel que nous le connaissons, le multiculturalisme se complaît dans le stéréotype, qui lui est essentiel pour lui donner son éclat, sa couleur – et ce n'est pas une mauvaise chose en soi. Néanmoins, une telle vision des choses ne permet pas de répondre aux questions les plus élémentaires que se posent les gens : ces Chinois qui participent à la Danse du dragon appartiennent-ils vraiment tous à la mafia asiatique ? Les Indiennes en sari croient-elles réellement aux vertus magiques des blattes ? Les rastas fument-ils tous de la marijuana et vivent-ils de l'assistance sociale entre deux délits ? Ces questions échappent au multiculturalisme. Il est bien plus facile de s'en tenir au superficiel et au spectaculaire.

Il faut se méfier de ceux qui se proclament les défenseurs des minorités et qui, chaque fois, utilisent les médias pour débiter la même rhétorique de la vengeance et ainsi exploiter la détresse en vue d'avantages personnels, politiques ou professionnels. Il faut se méfier de ceux qui trouvent dans le conflit leur raison d'être : les non-Blancs, pour qui il est nécessaire de se sentir les victimes du racisme ; les Blancs, qui ont besoin de sentir qu'ils en sont les instruments. Nous devons nous assurer que, plutôt que de régler le problème, nous ne soyons pas en train de le créer. J'ignore si le concours de beauté Miss Black Canada existe toujours, mais il est à souhaiter que non. Si tous les concours de beauté sont dégradants, des concours réservés à une race en particulier le seraient encore davantage. Je me demande quelle serait notre réaction si la télévision retransmettait tous les ans un concours réservé aux Blanches ? Nous décernons des médailles pour services rendus à la communauté exclusivement à des Noirs : serions-nous à l'aise si de telles récompenses étaient décernées exclusivement à des Blancs ? Si nous acceptons qu'un colloque soit réservé aux écrivains non blancs, ne devrions-nous pas aussi accepter qu'il y en ait un pour les écrivains blancs ? Il y a, au Québec, une Association des infirmières noires, une Association des artistes noirs et un Congrès des juristes noirs. Remplacez « noir » par « blanc », et tout de suite surgit le spectre de l'apartheid. Ce qui est raciste pour les uns l'est fatalement pour les autres.

[…]

Le marché aux illusions, p. 197-201.
© Éditions du Boréal, 1995.

Des questions pour lire et analyser, réfléchir et mettre en parallèle

Lire et analyser

1. Le thème du racisme est central, ici. Quels sont les aspects qui en sont discutés ?

2. Dans le premier paragraphe, observez le travail stylistique et lexical, et sa part dans la mise au clair de la thèse qui sera défendue.

3. Retrouvez les manifestations de la volonté d'objectiver le propos, de demeurer sur un plan plus objectif.

Réfléchir

1. L'essai est en situation dans un réel concret. Ici, il s'inscrit dans le temps et l'espace, grâce à de nombreuses références. Cela restreint-il la portée de sa réflexion ?

2. Le lecteur est-il invité à prendre en charge la réflexion développée dans ce texte ? Pour répondre, appuyez-vous sur des faits de texte, notamment sur le plan stylistique.

3. Grâce à l'essai, l'écrivain questionne la société dans laquelle il vit. En définitive, quelles sont les questions que pose Bissoondath à notre société ?

Mettre en parallèle

1. Comparez les visions de la diversité culturelle que nous proposent Bissoondath et Gabrielle Roy (p. 27). Offrent-elles des parentés ?

2. Les textes de Bissoondath et de Luc Bureau (p. 92) abordent des sujets très différents. Cependant, peut-on faire apparaître des convergences entre les réflexions que les auteurs proposent ? Justifiez.

3. Comparez les textes de Bissoondath et de Le Moyne (p. 73) sur la question de l'exclusion. Peut-on tracer des parallèles entre sexisme et racisme, tels qu'ils nous sont présentés ici ?

Lectures convergentes

Sur l'exclusion :
Nègres blancs d'Amérique de Pierre Vallières

Sur la difficulté d'être l'*Autre* :
La Québécoite de Régine Robin
Le dernier été des Indiens de Robert Lalonde
Comment faire l'amour à un nègre sans se fatiguer de Dany Laferrière
Le pavillon des miroirs de Sergio Kokis

Fernand Dumont

À la mort de Fernand Dumont, en 1997, tant le milieu politique que le milieu culturel ont salué en lui un des plus grands esprits que le Québec ait connus. Sociologue et philosophe, docteur en théologie et auteur d'une indispensable Genèse de la société québécoise, *Dumont a, sa vie durant, proposé le fruit de ses réflexions dans des ouvrages qui ont marqué notre conscience collective et joué un rôle important dans notre histoire. Mais Dumont est également poète et écrivain, comme en témoignent de nombreux recueils, comme en témoigne également son dernier livre,* Mémoires d'une émigration, *où il raconte sa trajectoire depuis sa naissance dans un milieu ouvrier, en 1927, jusqu'au milieu universitaire d'où il rayonnera durant toute sa carrière.*

Raisons communes *paraît en 1995 et recevra le Grand Prix du livre de Montréal. Dans ce texte qu'il qualifie lui-même de « bref essai de philosophie politique », Dumont veut tracer un bilan de notre société et proposer quelques avenues ouvrant sur un avenir porteur de défis nouveaux. Nous reprenons ici une partie du chapitre intitulé « L'avenir d'une culture ».*

L'avenir d'une culture – 1995

[...]

Une personne a un avenir en se donnant des projets ; mais cela lui serait impossible sans le sentiment de son identité, sans son aptitude à attribuer un sens à son passé. Il n'en va pas autrement pour les cultures. Elles ne sauraient affronter les aléas de l'histoire sans disposer d'une conscience historique. Quand, dans son célèbre rapport, Durham prétendait que nous étions «un peuple sans histoire», il ne voulait évidemment pas dire que nous n'avions pas de passé ; il constatait que ce passé n'avait pas été haussé au niveau d'une conscience historique où un ensemble d'individus eussent pu reconnaître les lignes d'un même destin, les repères d'une continuité collective. Nous avions un passé ; nous n'avions pas encore de mémoire historique. Par la suite, l'essor de notre littérature, les travaux de nos historiens, l'enseignement de l'histoire, les combats politiques et les développements idéologiques qu'ils ont entraînés ont fini par insinuer une mémoire collective dans le corps social. Cette mémoire a souvent été vacillante dans bien des couches de la population ; elle a été trop dogmatique ou trop conventionnelle dans les classes instruites. Du moins, le fil n'en a jamais été perdu. Mais c'était une mémoire pour la société de jadis. Une collectivité doit remanier sa mémoire en fonction des conjonctures qui surviennent ; on se souvient à partir des défis du présent, à moins que l'on se serve du passé comme alibi pour ne pas affronter l'avenir.

Au cours des années 1960, il me semble que nous avons été impuissants à rafraîchir notre conscience historique. Je ne mets pas en cause les recherches de nos historiens. Mais la mémoire collective n'existe pas que dans les livres d'histoire. Elle se trouve aussi plus au ras du sol, dans les traditions des familles et des mouvements sociaux, dans les discussions politiques. Or nous avons assisté à un débordement de rancœur envers le passé. À peu près tous nos gestes d'avant ont été récusés. Sans doute faut-il périodiquement dépoussiérer les statues et réviser les hauts faits enrobés de rhétorique. Il est des moments où une énergique psychanalyse fait grand bien à la mémoire des peuples autant qu'à celle des individus. À la condition qu'elle n'aboutisse pas à un constat généralisé de l'échec cultivé avec masochisme.

La Révolution tranquille est allée plus avant. Cette fois, la rupture a été consommée. Il a paru à nos élites que, pour concevoir des projets d'avenir, il ne suffisait pas d'un recommencement ; il a semblé qu'on devait apprivoiser l'avenir par le déni du passé. Difficile entreprise : comment une capacité de création adviendrait-elle à un peuple s'il est convaincu d'avance que ce qu'il a auparavant accompli est sans valeur ? Nous sommes donc redevenus, d'une certaine façon, « un peuple sans histoire ».

L'éducation scolaire y a contribué. Étrange pédagogie qui a privé de mémoire toute une génération. N'a-t-on pas supprimé l'enseignement obligatoire de l'histoire dans les écoles durant plusieurs années ? Ce que nul peuple en Occident n'avait pensé faire, nous y sommes parvenus. « Il faut, écrivait Paul-André Comeau, avoir discuté avec les stagiaires français de l'Office franco-québécois pour la jeunesse pour saisir l'ahurissement des étrangers lorsqu'ils découvrent l'inculture totale de leurs hôtes québécois au chapitre de l'histoire universelle, de l'histoire du Québec et du Canada[1]. » Je puis rendre un témoignage semblable à partir de ma pratique de l'enseignement : la méconnaissance de l'histoire, et pas seulement de celle du Québec, fait des étudiants, pourtant aussi intelligents et aussi avides de connaître que ceux de n'importe quelle autre génération et de n'importe quel autre pays, des êtres sans prises dans l'aventure humaine. Gardons-nous de ramener cette carence à un simple défaut d'érudition dans la formation de l'honnête homme. « Cette lacune majeure, soulignait encore Comeau, entraîne des conséquences catastrophiques lorsqu'on envisage la socialisation politique de ces jeunes. L'absence de références historiques, l'ignorance des racines, l'indifférence au passé qui a structuré la collectivité d'ici, tout cela contribue à enlever tout sens au projet des uns, à la lutte des autres. La question nationale s'assimile vite à quelque entreprise folklorique. »

L'avenir? Pour nous y engager avec résolution, nous devons nous refaire une mémoire. Il ne s'agit pas de distribuer à tout le monde *Notre maître le passé* du chanoine Groulx. La perte provisoire de la mémoire nous aura été peut-être bénéfique; il est parfois d'heureuses amnésies. C'est d'une mémoire d'aujourd'hui que nous avons besoin. Commençons par l'enseignement; rendons à l'histoire, celle du vaste monde autant que celle du Québec, la place considérable qu'elle doit occuper dans la formation des jeunes afin qu'ils s'y retrouvent dans un univers particulièrement mouvant. Ces temps-ci, on discute beaucoup de *formation fondamentale*, effaré devant l'éparpillement de connaissances qu'ingurgitent les jeunes sous la poussée d'aînés en mal d'encyclopédie. À tout prendre, pour être un citoyen, deux savoirs sont indispensables: la langue et l'histoire. Pouvoir exprimer ce que l'on ressent et ce que l'on pense, faire monter de ses actes la parole qui les prolonge; être conscient de sa place dans le dévidoir du destin des hommes et s'y engager en conséquence: est-il un autre idéal de l'humanisme et un autre accomplissement d'une culture?

[…]

1. Paul-André Comeau, «Avons-nous comme peuple la volonté de survivre?», *L'Action nationale*, LXXVIII, 9, novembre 1988, 836.

Raisons communes, p. 103-105.
© Éditions du Boréal, 1997.

Des questions pour lire et analyser, réfléchir et mettre en parallèle

Lire et analyser

1. Relevez les différentes marques qui permettent au texte de s'inscrire dans l'histoire.
2. Par quels moyens Dumont montre-t-il au lecteur qu'il parle d'un monde qu'ils partagent tous les deux?
3. Dumont fait référence à son expérience personnelle d'enseignant. Analysez la façon dont il s'y prend pour objectiver cette expérience.
4. Dumont livre ici un examen critique pondéré, mesuré. Relevez quelques-uns des indices de cette pondération.

Réfléchir

1. L'essai tente de mesurer la responsabilité de l'homme dans la marche du monde. Comment cet objectif se manifeste-t-il ici ?

2. Nous avons dit que l'essayiste refuse la position d'autorité. Est-ce le cas ici ? Justifiez bien votre réponse par des faits de texte.

3. Quel rôle Dumont donne-t-il au passé ?

Mettre en parallèle

1. Y a-t-il des traits communs entre ce que préconisent Borduas, dans le *Refus global* (p. 9), et Dumont, ici ?

2. Comparez les textes de Dumont et de Vadeboncœur (p. 77) : les auteurs reprochent-ils les mêmes choses au passé ? (Gardez en mémoire le fait que le passé de l'un n'est pas, historiquement, le passé de l'autre puisque 30 ans séparent ces textes.)

3. Comment s'établit l'identité d'un peuple ? Les textes de Dumont et de Bureau (p. 92) tentent tous deux de répondre à cette question. Leurs réponses offrent-elles quelque parenté ? Nuancez et expliquez votre réponse.

Lectures convergentes

Sur le lien entre identité et mémoire :
L'arpenteur et le navigateur de Monique LaRue
Comme eau retenue de Jean-Guy Pilon

Sur le rôle du passé dans la définition de l'être :
Menaud, maître-draveur de Félix-Antoine Savard
Les grands soleils de Jacques Ferron
Il n'y a pas de pays sans grand-père de Roch Carrier

Petits problèmes de sortie...

1. « [...] que sait-on de l'être humain si on ne le replace pas dans son éternité, bien sûr, mais aussi dans son histoire, dans sa vie quotidienne, dans ce qui se passe ? » Cette réflexion de Fernand Ouellette serait-elle partagée par les essayistes du présent chapitre ? Développez.

2. « Nous, les Américains du Nord, nous avons un présent et un avenir, les Européens, eux, ont en plus un passé. C'est une force », écrivait Alice Parizeau dans *Les militants*. Discutez cette affirmation à la lumière de vos lectures.

3. « [...] le Canadien français [...] n'arrive pas à mourir à un certain passé, à ce qu'il fut dans une lointaine ascendance. Les racines de l'arbre généalogique lui dévorent la moelle. » Pierre de Grandpré vous semble-t-il résumer ici le questionnement identitaire ? Étoffez votre réflexion en l'appuyant sur les textes qui précèdent.

Chapitre 4

L'essai en lutte dans le réel : un outil polémique

Nous avons évoqué, au chapitre précédent, la possibilité que l'essayiste désire avant tout agir sur le lecteur non pas en le conduisant à réfléchir sur un sujet, mais en lui imposant son point de vue. Ce cas révèle un changement dans la motivation de l'écrivain : il ne veut pas peindre le monde ; il veut le changer, ici et maintenant, non par un lent travail de maturation, mais par une « frappe », un coup d'éclat… ou de fouet : son texte est **en lutte dans le réel**, c'est le lieu du *scandale nécessaire*. Il veut convaincre en confrontant. On parle alors d'**essai polémique,** dont le but premier est de faire réagir le lecteur, de lui ouvrir brutalement les yeux sur le monde dans lequel il vit. Ce texte se situe sur le plan intellectuel et travaille avec des idées – l'imagination y intervient peu –, mais la subjectivité s'y donne libre cours ; l'essai polémique réunit donc deux extrêmes, l'abstraction et l'émotivité, et le mélange est détonnant. Le pamphlet et le manifeste – dont le *Refus global* est, au Québec, l'exemple le plus connu – constituent deux types d'essais polémiques. Chacun à leur façon, ils tentent d'agir sur la réalité, de provoquer pour changer. On trouve dans ces textes le discours méditatif*, le discours informatif* et parfois le discours critique analytique*, mais c'est le **discours argumentatif** qui domine. L'écriture du texte est également influencée d'une autre façon par sa finalité plus ponctuelle : quand il veut frapper les esprits et convaincre, l'essai emprunte un **parcours plutôt linéaire** où la digression est moins sensible et le langage, davantage une « courroie de transmission » qu'une source de créativité. Là encore, nous nous éloignons du littéraire. Dénoncer l'inacceptable, présenter un réquisitoire fort et indiscutable pour emporter l'adhésion du lecteur ; l'écrivain ne dévie pas de sa tâche. Pour ce faire, il adopte une tactique d'écriture **qui accueille le lecteur pour mieux agir sur lui.** Ainsi, malgré la subjectivité évidente du texte, on peut dire qu'il est davantage centré sur le lecteur que sur le JE.

Un texte en lutte dans le réel

De tous les textes étudiés, c'est l'essai polémique qui affirme le plus directement son appartenance à une réalité ancrée dans le temps et l'espace, comme en témoignent de nombreux indices spatiotemporels. Il travaille dans l'actualité. Son point de départ est un problème particulier dans un lieu et un temps précis : son champ d'action est circonscrit et son action, ponctuelle. La position de l'essayiste, quant à elle, se distingue en ceci que l'écrivain se définit comme être social, appartenant à un groupe, mais se définit le plus souvent *contre* ce groupe, par la dissension plutôt que par l'adhésion, par le refus et la subversion plutôt que par la solidarité. Il n'interroge pas *sa* vision, mais bien celle des autres. Le texte polémique lui permet de dire « non » dans une position offensive.

Les essais de ce type sont susceptibles de vieillir parce qu'ils s'inscrivent dans l'actualité. En effet, le texte s'élabore souvent *en réaction* à un événement fortuit, ponctuel. La vision qu'il propose de son sujet manque alors de perspective parce qu'elle se définit par son époque et qu'elle ne rend compte que d'un point de vue singulier. Elle revendique le *maintenant* et le *ainsi*.

Cependant, là réside également la force des essais polémiques : parce qu'ils ont circonscrit leur cible pour mieux frapper, parce qu'ils renoncent au doute et à la pondération, parce qu'ils ne réfléchissent pas mais proposent au contraire une pensée achevée présentée comme LA vérité, ils créent des remous et sont susceptibles d'avoir une grande influence sur leurs lecteurs, influence toute concentrée dans un *ici-maintenant* qui en multipliera les effets visibles. Ainsi, la parution du *Refus global* de Borduas a déclenché une réaction en chaîne dans la société et dans les journaux de l'époque : peu d'intellectuels purent – et voulurent – rester en dehors de ce débat qui, selon les historiens, joua un rôle important dans les changements sociaux que devait connaître le Québec dans les années ultérieures. Pour témoigner de l'ampleur de cette onde de choc, Vadeboncœur disait du manifeste de Borduas : « Ce fut une explosion. » On ne saurait mieux illustrer le rôle des essais polémiques : c'est la force de leur impact à un moment donné qui assure la pérennité de ces écrits[1].

Un texte polémique

S'il fallait un seul mot pour définir le texte polémique, ce serait : provocation. Affirmations, attaques, dénégations, voilà ce qu'on trouve dans ces textes souvent violents, rarement nuancés, où le lecteur est parfois attaqué avec force et pris à partie sans pouvoir se défendre autrement qu'en réagissant à son tour. Évidemment, il y a là comme ailleurs des différences de ton : l'essayiste peut utiliser l'humour – décapant ou plus subtil – ou préférer la dénonciation directe, il va susciter des réactions violentes – rejet ou adhésion – chez son lecteur. Tout lui est bon, sauf l'indifférence, car le polémiste ne croit pas à l'évolution tranquille. Le texte polémique est donc marqué du sceau de l'ambiguïté : il séduit autant qu'il agresse ; il recherche la confrontation ; pour mieux agir et convaincre, il fait le pari de la virulence et de l'excès.

L'essai polémique est un texte d'opinion et de conviction, plus que de réflexion. Regardons la définition du premier terme : l'*opinion* est une attitude de l'esprit qui tient pour vraie une assertion. Voilà défini l'objet du texte : il ne cherche pas la vérité ; il l'a trouvée avant que d'écrire. Attention, toutefois : même là, l'écrivain ne prétend pas nécessairement connaître la vérité de toutes choses ; cependant, il tient son opinion pour vérité et l'attitude d'interrogation, si importante dans l'essai depuis Montaigne, est remplacée par une attitude d'autorité. L'auteur *sait* et veut convaincre. Le second terme, *conviction*, ajoute aux idées – à l'*opinion* – la notion d'émotivité. Les propos de l'auteur sont l'expression de ce qu'il croit intimement. Là se trouve le réel moteur de l'essai polémique. Ainsi, dès la première phrase du texte de Ouellette, on remarque l'implication émotive du JE, par l'emploi de l'exclamation « c'est incroyable… » qui révèle l'incrédulité et la colère, colère marquée encore par la fin rageuse de la phrase faisant référence au ton paternaliste réservé aux « enfants ou aux crétins ».

Parce qu'il se fonde sur l'émotivité, ce texte n'offre pas de protection au JE : l'écrivain s'expose par ses excès ; il prend des risques en parlant de la réalité sans se restreindre aux faits, ne cachant pas qu'il s'agit de conviction plus que d'analyse. Et en effet, la violence du ton peut rebuter. Mais parce qu'il est passionné, le ton peut, au contraire, favoriser l'adhésion du lecteur. Dans ce type d'essai, la force de persuasion de la pondération est remplacée par celle de la sincérité : convaincre le lecteur passe donc plus par l'émotivité que par la raison.

Le *pamphlet* est un texte souvent satirique, toujours violent. Généralement bref, il a pour but d'attaquer et de dénoncer. Le *manifeste*, quant à lui, émane la plupart du temps d'un groupe auquel il sert d'instrument de revendication : il explique, dénonce et exige.

Le discours argumentatif

Le discours argumentatif est parfois appelé le discours *délibératif*, parfois même *directif*, ce qui laisse entendre qu'il tente de conduire le lecteur à adopter un certain point de vue. Il s'agit de convaincre, de prouver, de démontrer la vérité de quelque chose. Chaque propos doit servir cette finalité. L'information, l'analyse y sont présentes, mais l'accent est résolument mis sur la prise de position et la démonstration. L'auteur ne cherche pas à donner une impression d'objectivité : il amène le lecteur à ses vues. Il est généralement assez systématique. Il peut utiliser plusieurs stratégies, opter pour un angle plus analytique – le choix des arguments est alors crucial – ou plus émotif – en faisant appel aux sentiments ou en racontant des anecdotes personnelles pour étayer les idées défendues. Par l'illustration, il démontrera le bien-fondé de son opinion ; par l'attaque et la *réfutation*, il prouvera que ses adversaires ne sont pas crédibles. Car le discours argumentatif implique un positionnement en deux camps : le JE et ses alliés d'un côté, et leurs opposants de l'autre. On le voit très clairement, dans l'attaque finale du texte de Ferron, par le jeu des pronoms.

L'essai polémique utilise le discours argumentatif davantage dans sa dimension émotive que dans sa dimension démonstrative. Il pose le JE en champion de la vérité et le ILS en suppôts de l'erreur, du mensonge ou de l'inconscience ; il n'y a pas de moyen terme possible. L'attaque personnelle – très ancrée dans le temps et l'espace –, l'appel aux sentiments, la mise en situation directe du lecteur servent ici d'arguments aussi efficaces, sinon plus, que les faits. Une autre marque de la dimension émotive se manifeste dans le *lyrisme de la colère* qui se révèle notamment par les figures d'insistance.

Un parcours plus linéaire

Quand il est outil de dénonciation, l'essai emprunte une structure textuelle plutôt linéaire : l'écrivain renonce au parcours digressif*, car le texte est plus asservi à l'intention. En effet, au départ du texte se trouve un *jugement* sur *un* aspect du réel – une question bien précise –, jugement que le texte a pour but de *transmettre* et non pas de *créer*. Le sens, ici, naît de l'énoncé et non de l'énonciation. Le texte propose toujours une réflexion ; simplement, il ne s'agit pas d'une réflexion *se faisant* mais du *compte rendu d'une réflexion*. L'auteur refuse, en un certain sens, la subjectivité du langage ; il le contraint à une *monosémie*.

En somme, l'essai polémique est instrument plus qu'œuvre. Nous nous retrouvons donc, encore une fois, devant la question de la *littérarité* : un tel texte appartient-il encore à la littérature[2] ? Nous répondrons par une autre question : des textes comme une publicité ou le manifeste d'un parti politique sont-ils des œuvres littéraires ? Assurément, non. Or, dans le cas de l'essai polémique, la réponse est rarement aussi catégorique. Malgré le fait que le langage y soit d'abord un outil pour faire passer un message qui existe avant le texte et qui, souvent, ne sera pas nourri ni transformé par lui, l'essai polémique peut appartenir à l'espace littéraire. Il le fait alors par le plaisir subjectif du langage-matériau et par le souci du style[3]. Il y appartient non par l'opinion, mais par l'énonciation.

Accueillir le lecteur pour mieux agir sur lui

Parce qu'il veut le convaincre, l'écrivain place le lecteur au centre de son texte. Cela peut paraître paradoxal dans un projet fondé sur les convictions du JE ; c'est que le texte n'est pas centré sur les convictions, mais sur le travail de provocation et de persuasion : c'est à cela que tendent tous les efforts de l'essayiste. Or, un des meilleurs outils pour convaincre réside dans la capacité à établir des liens, dans le texte, entre l'auteur et son lecteur. Nous l'avons vu au chapitre 2, l'essai propose au lecteur un miroir où il peut se reconnaître. Quand, en plus, la présence du JE en concomitance avec le TU-VOUS – les noms du lecteur – simule un échange où le lecteur se voit actif, quand celui-ci est mis en situation et confronté aux situations dont l'auteur discute, quand un NOUS vient établir un front commun entre lecteur et écrivain, il se crée alors une connivence textuelle qui, dans un texte argumentatif, permet d'exercer sur le lecteur un certain « chantage affectif » et favorise son adhésion aux idées de l'auteur. Sur un autre plan, associer le lecteur à des termes connotés positivement, à des verbes d'action permet de lui renvoyer une image positive de lui-même qui facilite également cette adhésion.

Le choix du *ton* est aussi une façon d'accueilllir le lecteur et d'agir sur lui. Le ton est un concept associé d'abord à la parole : on fait alors référence aux intonations, au volume et au type de voix, au vocabulaire choisi, à la structure des phrases. Dans la vie quotidienne, ces éléments nous aident à mieux nous situer dans un échange interpersonnel et nous évitent une intervention « déplacée » parce qu'ils nous donnent des renseignements sur notre locuteur et sur le type d'échange auquel nous participons. Le ton d'un essai vise le même but : il rend l'auteur plus présent ; grâce à lui, le lecteur peut se situer dans un « échange virtuel ». C'est un des *effets de réel* qui rendent le texte plus vivant et, dans le cas d'un essai argumentatif, lui permettent de varier les stratégies pour convaincre. Ainsi, un ton familier, parce qu'il évoque un échange amical et égalitaire, peut faciliter l'identification du lecteur à l'auteur. Le ton passionné fait appel aux sentiments ; il s'appuie sur la notion de sincérité et d'innocence ; l'auteur s'y révèle et s'y expose, ce qui ouvre la voie à l'empathie du lecteur. L'humour est également utilisé par plusieurs essayistes engagés dans un texte polémique. Celui-ci, par nature, s'exerce contre l'idéal, les grands sentiments[4], l'emphase ; il *dédramatise* ou *ridiculise*. Quand il est bon enfant, il allège l'effort intellectuel et la tension liée au sujet en cause. Dans l'essai polémique, il est souvent assez incisif. Par exemple, on y trouve fréquemment l'ironie – qui consiste à dire le contraire de ce qu'on veut faire entendre – et le sarcasme – une moquerie plus directe, plus agressive, qui ridiculise de façon parfois cruelle. Quand il sert à attaquer, l'humour est d'un emploi plus délicat : l'essayiste doit prendre garde d'aller trop loin et de s'aliéner le lecteur. Mais en général, il crée une relation de connivence, de complicité entre auteur et lecteur. Ainsi, avant même d'avoir commencé la lecture du texte de Pedneault, nous sourions au titre et au destinataire déclaré ; le *profil d'attente* instauré dès le premier contact – on va lire un texte léger sur la condition des femmes, avec une *tête de Turc* – facilite le travail de persuasion à venir.

Au Québec existe, depuis Arthur Buies, une tradition de l'essai polémique qui parcourt toute notre histoire littéraire. Il a touché à peu près tous les sujets ; un, cependant, mérite d'être distingué : **la question de la langue.** Étroitement liée au problème identitaire, associée à la mise en examen de l'éducation, objet de débats passionnés au moment de la première des *Belles-sœurs* de Tremblay, remise à l'honneur par la montée du Parti québécois et, plus récemment, par le débat autour de l'excellence, la langue préoccupe toutes les époques et, il est surprenant de le constater, presque tous les milieux ; il suffit de lire les lettres des lecteurs de divers quotidiens québécois pour s'en convaincre. Bien qu'elle soit abordée dans des essais de plusieurs types, la question de la langue a beaucoup intéressé le texte polémique. Pour permettre au lecteur d'en juger par lui-même, nous avons regroupé, à la fin du chapitre (p. 130 et suiv.), quatre essais polémiques autour de cet enjeu récurrent.

Textes

1972   « L'automatisme gonflé » de Jacques Ferron (t.c.)
1979   « La chasse à courre » de Fernand Ouellette (t.c.)
1986   « Y a-t-il une vraie femme dans la salle ? ou *Real woman, real muffin* » de Hélène Pedneault (t.c.)
1991   « Le fantôme de la littérature » de Jean Larose (extr.)

Jacques Ferron

Nous avons présenté Jacques Ferron au chapitre 3. Il est ici à l'œuvre dans un essai polémique où son talent pour la dérision et l'attaque en sourdine donne sa pleine mesure. Dans ce texte, on le voit s'en prendre férocement au Refus global, véritable icône de notre histoire littéraire, tout en traçant un portrait à la fois tendre et moqueur du Québec d'hier et d'aujourd'hui.

L'automatisme gonflé – 1972

Les idées font leur temps. Elles commencent par être belles et rares ; elles finissent communes et ennuyantes. On les laisse d'abord porter, puis quand elles prennent des proportions invraisemblables, c'est une obligation de se dévirer dans sa peau et de les dégonfler. J'ai vu déjà une couple d'expositions de tableaux et de sculptures dans une villa blanche, au bord du Richelieu. Borduas, peut-être moins que Mousseau, était un bon ensemblier. Il continuait ses œuvres dans leur présentation. Je n'avais rien à redire alors contre *Refus global* ; j'appréciais sa gentillesse, sa naïveté, son dynamisme. Pourtant ce manifeste mal fagoté n'était pas grand-chose. Les signataires le prenaient tout autrement. Tels les premiers chrétiens dans la Rome payenne, ils s'attendaient à être livrés aux bêtes, à tout le moins jetés en prison. Ils n'en furent pas moins courageux même s'ils en furent quittes pour la peur. Seul Borduas perdit son emploi de professeur de dessin à l'École du Meuble.

Encore est-ce possible qu'il l'eût voulu. Le dessin n'avait jamais été son fort. Le retour fracassant d'Alfred Pellan qui, lui, savait dessiner, l'en dégoûta peut-être? Il s'était mérité l'honorabilité canadienne, mais avec ses madones à la Maurice Denis, ses saint Jean, la tête penchée sur l'épaule en attendant de la blottir sur le sein du Christ, il n'avait pas dépassé son vieux maître Ozias Leduc. Insatisfait de lui-même, il fit tout pour mettre fin à cette carrière et en recommencer une deuxième. Vidé de son emploi, il balança l'honorabilité canadienne, s'en fut aux États-Unis, à Paris, et dépassa enfin le vieil Ozias. Quand il laissa le dessin, son mariage avec la couleur fut célébré par des tableaux nuptiaux. Cette fête dura dix à quinze ans, puis les couleurs se retirèrent et il peignit sa mort en noir et blanc dans des tableaux qui sont aussi très beaux.

Borduas qu'à Paris on surnommera le « Chinois », était un homme assez fin pour avoir calculé la portée de *Refus global*, en avoir prévu les effets et su l'utiliser à ses propres fins. D'ailleurs sait-on au juste qui écrivit *Refus global*? Gilles Hénault et Claude Gauvreau y ont sûrement mis la main, et d'autres peut-être aussi. Borduas a-t-il donné plus que son imprimatur? Par contre on peut affirmer qu'il est le seul auteur de « Projections libérantes » bien supérieur à *Refus global*.

Quand Pierre Vadeboncœur s'est entiché de ce fameux manifeste, c'était encore permis. Maintenant, ça ne l'est plus. La preuve : Éthier-Blais est en train d'en faire sa thèse de doctorat en lettres. Ouvrez *Refus global* : dès la première page vous tombez sur le jansénisme, ce vampire dont nous aurions été les victimes depuis le commencement des temps, c'est-à-dire depuis 1850. C'est là un emploi fautif du terme. Jean Le Moyne l'a repris et maintenant tous les cégépiens en parlent. Le jansénisme a été une fronde religieuse, le fait de quelques personnes ardentes et résolues. Ici, dans le genre, on n'a jamais vu que les schismes de paroisses dont le plus célèbre est celui de la Baie-du-Febvre. Par jansénisme tous ces grands penseurs entendaient un rigorisme moral qui se rapprochait plus du puritanisme de la Nouvelle-Angleterre que de l'éphémère petite secte de Port-Royal, encore qu'il faille admettre qu'on est resté bien loin des puritains. Quand on ne sait pas le sens des mots, il est recommandé de ne pas écrire.

Mais c'est à la page quatre qui énumère les « peurs à surmonter » qu'on peut surtout juger de la niaiserie de *Refus global*. Première peur, celle des préjugés : cette contrainte est déjà condamnée sous le nom de respect humain par le petit catéchisme. Deuxième peur, celle d'être sans Dieu : Papineau était déjà athée et l'on peut soutenir que beaucoup de ses pareils se sont dits catholiques par solidarité nationale, avec d'autant plus d'aisance que l'athéisme ne comporte pas de rites extérieurs. Troisième peur, celle de la pauvreté, des nécessités : il est normal pour un peuple pauvre de tenter de s'en libérer et, que je sache, beaucoup de cultivateurs ont fait de leurs fils des curés pour qu'enfin, dans la lignée, on ait des mains blanches. Quatrième peur, celle de l'ordre établi : cet ordre n'a pas été établi à notre avantage et de Jean-Olivier Chénier à Jacques Rose on a toujours lutté contre lui, et quand ce n'était pas par la force, c'était par la ruse. Cinquième peur, celle du surrationnel : notre mythologie en a pourtant fait grand usage. Sixième peur, celle des relations neuves, des choses futures, de l'amour fou : là-dessus, toute société adopte une attitude équivoque et il serait bien long d'en ergoter ; signalons simplement que le nombre de la collectivité où l'on se trouve a une influence car l'individu a un quota de compagnie, qu'à la ville l'homme fuit l'homme parce qu'il est trop nombreux, qu'à la campagne il le recherche à cause de sa rareté comme en témoigne le culte du Survenant ; quant à l'amour fou, il est pigé dans André Breton qui tout en célébrant le divin Marquis fut un amant bien ordinaire, plutôt ridicule.

Il semblerait que nous étions assez niaiseux lors de la publication de *Refus global.* Nous le sommes moins, il le devient. C'est donc qu'il a fait son temps. Continuera qui veut sur sa lancée, on le fera à ses risques et dépens. Quand une signataire, madame Leduc, proclame qu'à l'époque les Automatistes étaient les seuls révolutionnaires, elle se goure, la pauvre, à moins qu'elle ne veuille escamoter l'admirable figure de Madeleine Parent.

Escarmouches, p. 322-325.
© Éditions Leméac, 1998.

Des questions pour lire et analyser, réfléchir et mettre en parallèle

Lire et analyser

1. Trouvez le sujet central du texte. Quelle est, à ce sujet, l'opinion défendue par Ferron ?

2. Retrouvez les passages qui nous montrent qu'ici l'essayiste présente sa réflexion comme la vérité, sans ouvrir sur le doute ou la recherche. Remarquez quels sont les outils textuels qui nous permettent de le comprendre.

3. L'essai polémique fait feu de tout bois ; au fil du texte, relevez au moins trois genres d'arguments utilisés par Ferron pour convaincre son lecteur.

Réfléchir

1. Dans l'ensemble du texte, Ferron trace-t-il un portrait négatif de Borduas ? Grâce à quoi ce portrait se dégage-t-il ?

2. Ce texte emploie un ton assez agressif. Comment sa violence se manifeste-t-elle ?

3. Le lecteur est très peu présent dans ce texte ; après avoir relevé les passages où il l'est, observez les manifestations de sa présence et tirez-en quelques conclusions relativement au discours argumentatif.

Mettre en parallèle

1. Comparez ce texte de Ferron avec celui qu'on trouve au chapitre 3 (p. 82). Peut-on voir des convergences entre les portraits du Québec qui y sont esquissés ?

2. « Qu'est-ce qui manque le plus aux Canadiens français ? » se demandait Pierre Baillargeon dans son texte sur Montaigne (p. 45). Examinez et discutez le texte de Ferron à la lumière de la réponse de Baillargeon.

3. Ferron et Vadeboncœur (p. 77) ont du *Refus global* une vision plutôt divergente. Leurs points de vue sont-ils pour cela diamétralement opposés ? Expliquez et nuancez votre réponse.

4. Relisez le *Refus global* (p. 9) à la lumière des attaques de Ferron. Celles-ci remettent-elles en question certains éléments du texte de Borduas ? Appuyez votre point de vue sur des faits de texte.

Lectures convergentes

Pour avoir un autre point de vue sur l'épopée du *Refus global* :
L'esquisse d'une mémoire de Marcelle Ferron

Pour une vision du Québec des années 50 :
Poussière sur la ville d'André Langevin
Le libraire de Gérard Bessette
Zone de Marcel Dubé

Fernand Ouellette

Le poète Fernand Ouellette est né en 1930 à Montréal. Il est diplômé en sciences sociales, mais c'est d'abord la poésie qui l'attire. Cofondateur de la revue Liberté *et collaborateur des Éditions de l'Hexagone, il est mêlé de près à ce que la vie culturelle québécoise a de plus intense. Parallèlement à l'écriture, il travaille pour l'Office national du film (ONF) et comme réalisateur d'émissions culturelles à Radio-Canada. Il anime aussi des ateliers de création littéraire dans plusieurs universités. Comme poète et essayiste, Ouellette est un contemplateur, un penseur de l'écriture, et sa méditation éclaire non seulement son œuvre, mais toute écriture, toute parole. Cependant, il est aussi un être de conviction et d'engagement, comme en témoigne son refus du prix du Gouverneur général, en 1970. Aussi trouve-t-on, à côté de ses textes tout en intériorité, des essais politiques et parfois violemment polémiques, comme celui que nous avons choisi.*

Quand Écrire en notre temps *paraît en 1979, Fernand Ouellette est déjà un essayiste de premier plan. L'ouvrage reprend des essais publiés dans* Liberté. *Un des premiers textes du recueil propose une tentative de définition de l'essai, œuvre de l'errance. Celui que nous avons retenu est plus proche du billet d'humeur, et la révolte qui s'y exprime avec force rappelle que le poète ici n'a pas qu'un devoir de contemplation ; il en a aussi un de dénonciation.*

La chasse à courre — 1979

Depuis que le Parti québécois a reçu le pouvoir, c'est incroyable comme les éditorialistes, les lecteurs de journaux bien-pensants, les notables de province ont des leçons à lui faire, avec ce ton paternaliste qu'on n'utilise que pour les enfants ou les crétins. Jamais autant de journalistes, experts de l'économie, sensibles à la grande politique, n'auront surgi. Bien entendu, monsieur Lévesque ignore le sens des mots qu'il emploie, comme *pays* et *peuple*. Madame Z lui proposera donc une pédante réflexion, suintante de sa propre idéologie fédéraliste, pour bien lui montrer qu'il ne sait pas de quoi il parle. Prudence ! monsieur Lévesque. Le mot *pays* dans votre bouche a une ambiguïté si grossière que vous devriez cesser immédiatement d'user de ces mots complexes, amorcés, chargés d'on ne sait quelle dynamite. Tel éditorialiste donnera une leçon de comportement à monsieur Parizeau, se moquera de monsieur Charron, mettra en garde monsieur Tremblay. Comme si ces ministres ne pouvaient parler que sans avoir réfléchi. Jamais on n'aura vu autant de « science », de « sagesse », d'esprit de « droiture » venir au secours de l'idéologie la plus noble, la plus fraternelle, contre l'immaturité politique, la pensée fixée au « stade tribal ». Sans négliger le fait que la plupart des journaux utilisent abondamment, dans la « morgue » de la Presse canadienne, de ces mêmes ministres les photographies les plus cadavériques et monstrueuses qu'on puisse imaginer.

La chasse à courre est commencée. La meute des écrivailleurs est en piste. Tous les coups bas seront portés. Les ombres de la presse ont des dents… Certes ! Belle férocité nourrie par un monsieur Desmarais. Mais que celui-ci modifie demain sa position, par absurde, chose infiniment improbable, j'en conviens, et tous ces grands fauves, ces âmes altières vont se mettre à braire, à lécher sa nouvelle pensée. L'honneur de cette presse, n'est-ce pas évident ? ne saurait s'alimenter qu'aux intérêts du capitalisme.

Bref ! les politiciens fédéralistes, les notables, les journalistes savent très bien que ce petit peuple ne peut survivre que dans leur fédération, qu'il n'a pas suffisamment le sens des affaires, le sens de la vraie politique pour s'autodéterminer. Il n'a aucune fierté, aucune dignité, aucune imagination qui lui permettraient de prendre son destin en main. Ainsi vaut-il mieux qu'il bêle à jamais dans le grand Canada anglais. La bourgeoisie pourra continuer de rêver à la Floride. (Les journalistes veillent bien sur ses intérêts.) Nos géants de la politique, en bons gérants, vont enfin pouvoir s'occuper de choses sérieuses telles que l'inflation et le chômage. La société juste est à l'horizon.

Écrire en notre temps, p. 123-124.
© Hurtubise HMH, 1979.

Des questions pour lire et analyser, réfléchir et mettre en parallèle

Lire et analyser

1. Relevez les procédés stylistiques qui, dès le premier paragraphe, nous révèlent qu'il s'agira d'un texte polémique.
2. Le deuxième paragraphe met en place une métaphore. Examinez-en les manifestations et expliquez-en le lien avec le sujet.

3. Ce texte est ancré dans une réalité historique très ponctuelle. Faites la liste des marques qui permettent de dater ce texte.

Réfléchir

1. Relevez les passages du texte où sont repris des propos qui ne peuvent être attribués au narrateur. Comment le lecteur peut-il s'en rendre compte, malgré les apparences ?

2. Comment Ouellette s'y prend-il pour engager le lecteur dans son texte et emporter son adhésion ?

3. Quel éclairage la phrase de clôture donne-t-elle sur l'ensemble du texte ?

4. Quelle image Ouellette donne-t-il de la presse ?

Mettre en parallèle

1. Comparez ce texte et le précédent, de Ferron (p. 113). Le ton polémique s'y manifeste-t-il de la même manière ?

2. Peut-on voir des parallèles entre le portrait corrosif que Ouellette fait de la société québécoise et celui que traçait, trente ans plus tôt, le *Refus global* (p. 9) ? Les deux essais visent-ils les mêmes cibles ?

Lectures convergentes

Sur le pouvoir des médias :
Le murmure marchand de Jacques Godbout

Sur le nationalisme polémique :
Nègres blancs d'Amérique de Pierre Vallières
Speak white de Michèle Lalonde

Sur l'affrontement entre fédéralistes et nationalistes :
Hier les enfants dansaient de Gratien Gélinas
Le canard de bois de Louis Caron

Hélène Pedneault

Née à Jonquière en 1952, Hélène Pedneault débute dans le journalisme au Progrès-Dimanche *de Chicoutimi en 1973. Par la suite, elle travaillera à plusieurs quotidiens et magazines, notamment* Jeu, Dérives *et la revue féministe* La vie en Rose, *qui paraît de 1980 à 1987. Elle écrit également de nombreux textes pour des émissions radiophoniques. En marge de son activité journalistique, l'auteure a aussi publié des textes dramatiques ainsi qu'une biographie de Clémence Desrochers. Son plus récent essai,* Pour en finir avec l'excellence, *a créé quelques remous dans le milieu culturel québécois.*

Les Chroniques délinquantes de la Vie en Rose *permettent d'apprécier l'humour généreux et parfois corrosif d'Hélène Pedneault.*

Le recueil rassemble les textes parus entre 1982 et 1987, sous le titre répétitif de « Y a-t-il un... dans la salle ? ». Sans prétention, mais non sans profondeur, ces chroniques irrévérencieuses abordent les problèmes de l'heure et leur vision critique n'a pas perdu sa pertinence. Nous avons choisi un texte attaquant la réaction contre le féminisme.

**Y a-t-il une vraie femme dans la salle ?
(ou Real woman, real muffin) — 1986**

Toronto, le 15 mai 1986

Madame Jehanne Benoît
La Cuisine arraisonnée
Montréal, Canada

Ma chère Jehanne,

C'est un appel au secours que je vous écris en silence parce que je crois que vous êtes la seule personne au monde à pouvoir régler mon angoissant dilemme, les thérapeutes étant trop chers. J'étais en train de faire ma recette habituelle de *muffins*, le regard perdu dans mes pensées domestiques, me réjouissant dans mon cœur en pensant à la joie habituelle de mon mari et de mes enfants devant mes beaux *muffins* tout bruns et tout chauds, quand tout à coup, ma main droite se figea dans le bol Corning Ware que ma mère m'offrit pour mes 25 ans. Un doute insupportable venait d'envahir les méandres complexes de mon cerveau-direction : les *muffins* doivent-ils absolument contenir des raisins pour être de vrais *muffins* authentifiés ? Devais-je continuer à ne pas en mettre parce que mon mari a toujours eu dédain des raisins, y compris dans le vin, ou devais-je au contraire en mettre parce qu'il n'y a pas de vrais *muffins* sans raisins, imposer ma décision en toute lucidité à mon mari en lui faisant comprendre qu'à notre niveau de *standing*, nous ne pouvions pas nous permettre de manger du toc ?

Je ne résolus pas mon problème, et il n'y eut pas de *muffins* cette journée-là. Je culpabilisai sans rien dire de mon angoisse devant les regards tristes et bourrés de reproches silencieux de mon mari et de mes enfants. Ils furent très compréhensifs envers moi, ils ne dirent rien. Mais après trois jours d'insomnie carabinée, je me résous à vous écrire. J'ai peur de développer un cancer à force de douter de l'authenticité de mes *muffins*.

Parce que, vous comprenez, je viens d'adhérer à un mouvement révolutionnaire qui a bouleversé ma vie. Et depuis que j'ai choisi le *vrai* chemin, tout est tellement plus clair pour moi : j'ai enfin compris la célèbre phrase de Simone de Beauvoir, « On ne naît pas femme, on le devient », parce que c'est l'illumination que j'ai eue récemment en découvrant l'existence de ce mouvement. J'ai aussi compris pourquoi elle avait intitulé son livre *Le deuxième sexe*. Elle avait raison, nous sommes effectivement le second, et nous sommes faites pour être les deuxièmes. Comme c'est valorisant d'être une excellente deuxième, sans le poids de la responsabilité énorme de la première place ! Nous n'avons pas les reins assez solides, je m'en rends compte tous les jours en transportant mes sacs de commissions et mon panier de linge mouillé de la cave à la corde à linge (ça sent tellement meilleur au grand air ; mon mari et mes enfants n'en reviennent jamais, ce qui me valorise beaucoup).

Mais vous devez connaître déjà ce merveilleux mouvement puisque nous avons fait la une du très sérieux *Devoir*, ce qui est pour nous une reconnaissance extraordinaire : il s'agit des *Real Women*. J'imagine qu'au Québec vous éprouverez comme toujours le besoin de traduire l'expression, n'ayant pas encore résolu le problème du bilinguisme. Pour vous faire plaisir, je dirai « les Vraies Femmes ». Ça ne fait pas de différence pour moi, c'est la réalité qui compte. Moi qui avais toujours eu un gros problème d'identité, voilà que j'ai enfin trouvé ma voie. Notre première action officielle sera de militer contre le lave-vaisselle[a], parce qu'une vraie femme ne peut vivre son identité que les mains dans l'eau de vaisselle bien savonneuse (nous recommandons Ivory parce qu'il laisse les mains douces pour caresser les maris stressés par trop de responsabilités). « Je pense, donc j'essuie » est une de nos devises.

Nous avons bon espoir de convaincre les multinationales du bien-fondé de notre première revendication. Nous n'en aurons qu'une à la fois, comme ça nous effraierons moins les gens. Entre vous et moi, le féminisme nous aura au moins appris ce qu'il ne faut pas faire. Gloire à ces furies d'un autre temps. *Requiescat in pace*. Et « *swinge* la baquaise dans le fond de la boîte à bois ! Halte là, halte là, halte là, les *Real Women* sont là ! » Mon Dieu, je me laisse emporter par mon enthousiasme débordant. Excusez mes folies.

Pour en revenir à nos *muffins*, j'attends de vous une réponse imminente. Depuis que je suis une vraie femme, je ne peux permettre, à aucun moment, que le faux l'emporte sur le vrai. Je suis dans l'authentique à plein temps. J'écouterai votre parole religieusement, vous ne perdrez pas votre temps avec moi. Je suis quelqu'un qui croit en vous, comme des milliers de femmes avant moi.

Veuillez agréer, chère Jehanne Benoît, mes sentiments les plus vrais,

(LA VRAIE) BETTY CROCKER

---

a.   Je dois ce *gag* à un dénommé Jean-Pierre Morin. Non, ce n'est pas mon mari.

Chroniques délinquantes de la Vie en Rose, p. 119-122.
© Hélène Pedneault, 1988.

Des questions pour lire et analyser, réfléchir et mettre en parallèle

Lire et analyser

1.   Par quels signes le lecteur peut-il reconnaître, dans le discours anecdotique du premier paragraphe, l'invitation à une lecture au second degré ?

2.   Relevez les mots appartenant au champ lexical de la psychologie. Observez dans quel contexte ils sont employés et la connotation qui leur est associée.

3.   Contre quoi le texte réagit-il ? Précisez-en le sujet.

Réfléchir

1.   Ce texte ne fait appel ni à la violence verbale, ni à l'émotivité excessive. En quoi peut-on dire qu'il est polémique ?

2.   Quel portrait Pedneault trace-t-elle des tenantes du mouvement des *Real women*[5] ? Appuyez votre réponse notamment sur des observations stylistiques.

3.   Quelle influence le choix de la destinataire et de la signataire apparentes a-t-il sur la position défendue par le texte ?

Mettre en parallèle

1. Comparez les textes de Pedneault et de Ferron (p. 113) : peut-on trouver des parentés entre les tactiques qu'ils utilisent pour défendre leur point de vue et attaquer leurs adversaires ? Expliquez et nuancez.

2. Le thème de la place et du rôle de la femme dans la société est également abordé par Jean Le Moyne (p. 73). Peut-on établir des parallèles entre les deux textes ? Justifiez votre réponse.

Lectures convergentes

Sur la contestation du rôle féminin traditionnel :
C'était avant la guerre à l'Anse-à-Gilles de Marie Laberge
Maryse de Francine Noël

Sur la contestation par l'humour et la dérision :
Citrouille de Jean Barbeau
Tout Clémence de Clémence DesRochers

Jean Larose

Jean Larose est né à Valleyfield en 1948. Il enseigne au Département d'études françaises de l'Université de Montréal depuis 1979. Il travaille aussi comme chroniqueur dans plusieurs journaux et périodiques, dont Vie des Arts, Liberté *et* The Ottawa Citizen *; il signe notamment un billet dans* Le Devoir, *billet qui suscite régulièrement des réactions dans les colonnes réservées aux lecteurs. La publication de* La petite noirceur, *en 1987, amorce de façon éclatante sa carrière d'essayiste, puisqu'on lui décerne le prix du Gouverneur général. Depuis, encensé ou détesté, Larose est demeuré à l'avant-scène de l'actualité littéraire québécoise.*

L'amour du pauvre aborde le sujet de la culture québécoise, qu'il met en cause par l'analyse ou la polémique. Le titre du livre fait référence à notre dénuement intellectuel, constat douloureux et fil conducteur du livre, évoqué notamment dans le texte que nous avons retenu et qui s'attaque plus particulièrement au milieu de l'éducation.

Le fantôme de la littérature — 1991

Au commencement de l'année scolaire, j'inflige toujours à mes étudiants de première année – parce que cela les dépasse – le fameux paradoxe de Roland Barthes : « Écrivains et écrivants ». Je dis : parce que cela les dépasse. Je crois, en égÉ.ё

effet, au dépassement de l'expérience par la littérature. La littérature ne reflète pas la vie, elle l'anticipe ; elle creuse et fraie dans la vie vierge. La littérature n'exprime pas, elle projette ; elle attire l'innocence et la ravit ; elle aspire en elle et impose une forme nouvelle. La littérature déforme, elle pervertit, elle éduque.

À mes étudiants le texte de Barthes impose une pensée paradoxale. Il les oblige à se déformer, puis à se reformer pour épouser une logique qui n'éveille pas d'écho dans leur vie, et ceci leur apprend donc, en plus de la pensée du texte elle-même, à écarter leur « vécu », comme on dit, et à considérer ce « vécu » comme un obstacle à leur croissance, à la connaissance, à l'éducation. Le texte rébarbatif de Barthes, « Écrivains et écrivants », fournit en quelque sorte le rite de passage dans notre département, et il est destiné à apprendre aux nouveaux, imbus de l'esprit du temps, et de l'esprit québécois, cette première leçon contraire : la littérature est intempestive, elle éduque le jeune homme et la jeune femme en les précédant sur la voie de la connaissance, elle sait ce qu'ils ne savent pas encore, et elle leur permet, comme le disait Rimbaud, d'assister à l'éclosion de leur pensée.

Roland Barthes, vous vous en souvenez, écrit ceci :

> [...] l'écrivain est un homme qui absorbe radicalement le pourquoi du monde dans un *comment écrire*. Et le miracle, si l'on peut dire, c'est que cette activité narcissique ne cesse de provoquer, au long d'une littérature séculaire, une interrogation au monde : en s'enfermant dans le *comment écrire*, l'écrivain finit par retrouver la question ouverte par excellence : pourquoi le monde ? Quel est le sens des choses ?

Et Barthes précise : « pour l'écrivain, *écrire* est un verbe intransitif », cependant que pour l'écrivant, le naïf, le sincère, le convaincu, l'engagé qui « considère que sa parole met fin à une ambiguïté du monde », écrire est un verbe transitif ; alors que l'écrivain écrit, l'écrivant écrit quelque chose, pour quelqu'un, en vue d'un résultat.

Or vous aurez peut-être remarqué, en comparant ces propositions audacieuses aux conceptions pédagogiques qui ont presque chassé la littérature de nos écoles, que celui que Barthes appelle un écrivant, celui qui écrit pour communiquer un message, que cet écrivant donc définit assez bien le genre d'esprit qu'on a voulu former, par nos programmes scolaires. L'écrivant, c'est l'utilisateur de la langue qui réalise l'idéal des programmes de français du ministère de l'Éducation du Québec. L'écrivain, en revanche, représente ce qu'on stigmatise, ce qu'on condamne. Considéré du point de vue des pédagogues modernes, l'écrivain selon Barthes commet, avec son écriture qui se soigne elle-même, pour la forme, un péché de plaisir solitaire ; il s'exclut de la société, violant sa loi, échappant à sa surveillance.

Je pourrais, vous pourriez, citer à profusion, et *ad nauseam*, les exemples. Le retrait de la littérature des programmes scolaires découle d'une réduction instrumentale de la langue, qui procède elle-même d'une méconnaissance de ce que c'est qu'un système symbolique. On pose en dogme le préjugé naturel qui considère la langue comme un «véhicule de la pensée», «forme» ou «contenant», instrument secondaire chargé d'exprimer un «fond» ou «contenu», premier et essentiel.

Pour votre indignation, voici un extrait d'un article paru dans *Le Devoir* (15 septembre 1986). Vous y reconnaîtrez la conception pédagogique dominante de notre époque, laquelle, après avoir renié la tradition humaniste sous prétexte de «lutte contre l'élitisme», s'est imposée dans notre système d'éducation québécois à force de chantage et d'intimidation, en s'autorisant d'un prétendu souci pour les pauvres, pour ceux qu'on appelle aussi «le monde ordinaire». Dans le discours de ces pédagogues, les pauvres et les gens incultes jouent le même rôle que le prolétariat dans le discours des marxistes.

Sachez que l'auteur, dont par charité je tairai le nom, était alors – et est peut-être encore – «responsable du programme de français au ministère de l'Éducation». Il souhaitait, en publiant son article, réagir contre la tendance (qui commençait à se faire sentir dans certaines écoles) à reprendre «l'enseignement traditionnel», la grammaire, la dictée, etc. :

> Dans ce type d'enseignement, toutes les réponses de tous les élèves sont prévisibles en fonction des règles établies. La signification du message est facilement évacuée au profit du repérage d'informations précises [ce qui revient à dire que des «informations précises», comme syntaxe ou orthographe, détournent l'attention de l'élève du «message» d'un texte]. La connaissance de la langue est imposée de l'extérieur et de la même façon à tous les élèves. Il est donc difficile à un élève de saisir les liens entre ce

qu'il apprend à l'école et ce qui lui est utile pour communiquer dans sa vie de tous les jours : demander une information, expliquer un fait, poser un problème, etc.

Vous l'entendez, malgré son mauvais français : parce que la langue serait faite pour communiquer, l'auteur pose qu'il doit être nocif d'enseigner la langue elle-même, pour elle-même, en elle-même. Enseigner la grammaire « de l'extérieur [remarquez l'emploi de cette catégorie de " l'extérieur " ; on pourrait demander : l'extérieur par rapport à quel intérieur ?] et de la même façon à tous les élèves », ce serait « évacuer le message » et empêcher l'élève d'apprendre ce qui lui est « utile pour communiquer dans sa vie de tous les jours ». Ainsi par exemple, étudier l'accord du participe passé en soi (ou, pire encore, apprendre par cœur *La cigale et la fourmi*) désorienterait l'élève dans sa vie quotidienne. Il ne saurait plus comment s'exprimer au cas où, par exemple, il aurait à faire une course à l'épicerie, à dire « non merci, monsieur » à un inconnu qui lui offrirait un bonbon, ou à discuter des chances du Canadien de remporter le championnat.

Quoique son hégémonie dans les programmes scolaires soit relativement récente, cette conception n'est pas nouvelle, et peut se réclamer d'antécédents fameux. Quand Jean-Jacques Rousseau, dans l'*Émile*, déclare qu'un maître se doit de resserrer « le plus qu'il est possible le vocabulaire de l'enfant » ; quand il dénonce comme « un très grand inconvénient [que l'enfant] ait plus de mots que d'idées, et sache dire plus de choses qu'il n'en peut penser », il concentre en deux propositions la base conceptuelle de la pédagogie à notre époque.

On pourrait relever plusieurs analogies entre Rousseau, qui croyait que l'homme naît bon, et l'inspiration anti-intellectuelle des pédagogues du « monde ordinaire ». Pour la suite de mon propos, je remarque seulement que *la nature* occupait dans la pensée de Rousseau la même fonction que *l'intérieur* dans le texte de notre fonctionnaire. Comme ailleurs *les pauvres*, la nature ou l'intériorité y fournissait la provision d'authenticité, de sincérité, voire de vérité à la pensée.

On sait que le raisonnement de Rousseau ne faisait que renverser les dichotomies traditionnelles de la métaphysique, pour accorder à la sensibilité et à l'intériorité la primauté sur l'intellect et la généralité abstraite. La pédagogie moderne du vécu, qui est un avatar de celle de Rousseau, procède elle aussi d'un renversement : quand elle inculque à l'élève l'idée qu'il lui faut en quelque sorte devenir son propre maître, et se mettre à l'écoute de sa propre nature, de son propre vécu ou de sa propre intériorité, elle exprime elle aussi la croyance que l'homme est bon et que la société le déforme.

Nous savons pourtant que Rousseau, au grand scandale de ses contemporains, abandonna ses propres enfants. Et si le cas personnel de Rousseau représentait parfaitement la situation du maître moderne ? Peut-être qu'abandonner ses enfants et croire que l'homme est bon et peut s'éduquer lui-même ne sont pas deux choses contradictoires, mais au contraire deux côtés d'une même médaille ? Et peut-être est-ce la même erreur : croire qu'un enfant ne devrait jamais disposer de plus de mots que de vécu (ce plus de mots que lui donne la littérature) et trouver répréhensible que le maître lui impose un savoir « de l'extérieur » ?

[...]

De tous les fantômes littéraires, les français sont chez nous les plus fantomatiques, et je souhaite dire, pour terminer, quelques mots de ce que représente, pour nous Québécois, la littérature française.

La littérature française, c'est notre littérature. Car de la même manière que nous pouvons dire, et de plein droit, que nos ancêtres ont construit les cathédrales, nous devons reconnaître que ce sont de nos ancêtres qui ont écrit les *Essais* de Montaigne et les tragédies de Racine. Et même si nous ne pouvons pas dire, hélas, que nos pères ont fait la Révolution, nous littéraires, en nous autorisant de la littérature – qui ignore les règles patriarcales de parenté et qui ne connaît que les parentés de langue –, nous pouvons et nous devons dire que, par filiation et cousinage linguistique, nos aïeux ont fait la Révolution française, qu'ils ont tranché la tête du Monarque, et qu'ils ont écrit les littératures françaises des dix-huitième, dix-neuvième – et vingtième siècles, pas moins que la littérature québécoise.

L'étude de la littérature française exerce sur nos étudiants, je le constate tous les jours, plusieurs effets bénéfiques.

D'abord, elle leur permet d'admirer la France et de s'identifier à elle, et ainsi de restaurer la part française de leur identité, altérée chez nous par l'Anglais et par un certain clergé. Je crois en effet – c'est ce que pourrait prouver une étude qu'il serait temps de mener – que dans la psyché québécoise, le Français fonctionne un peu comme le Juif : il incarne l'origine refoulée, « le traître » qui nous a vendus, « l'arrogant » que l'on peut haïr passionnément ; en somme, celui par rapport à qui on pourra toujours se prévaloir du bon droit de la victime.

Deuxièmement, la littérature française permet aux étudiants de s'affranchir de la tyrannie du « vécu québécois », étouffoir qui répand la grisaille sur la vie, qui leur a souvent été imposée dans leurs études antérieures, et que propage d'ailleurs la machine médiatique. La littérature française affine le goût des étudiants en leur faisant comprendre qu'une œuvre doit être jugée sur sa qualité littéraire et jamais sur sa proximité, sa familiarité ou sa « familialité ».

Troisièmement – conséquence de cette distance ou absence de familiarité –, l'étude de la littérature française améliore la langue des étudiants, en combattant le préjugé désastreux des pédagogues selon lequel la langue ne serait qu'un outil de communication, et en rétablissant le privilège de la littérature en matière de norme et d'invention linguistiques. Et en leur faisant connaître les états antérieurs du français, la littérature française confère un passé, une histoire, une mémoire et de l'expérience à leur langue. La pensée se renforce quand la langue s'enrichit. La langue écrite de France, c'est notre langue écrite. Pour qu'ils puissent penser avec toute la force et la richesse possibles, il faut donc apprendre aux jeunes Québécois à considérer tout naturellement la littérature française comme leur littérature.

Permettez-moi d'insister, cela me tient à cœur : quand j'entends dire qu'on n'enseigne plus la littérature française chez nous, je me sens attaqué dans mon identité.

[...]

L'amour du pauvre, p. 9-13 et 20-21.
© Éditions du Boréal, 1991.

Des questions pour lire et analyser, réfléchir et mettre en parallèle

Lire et analyser

1. Le lecteur est souvent présent dans ce texte, et de multiples façons. Analysez l'utilité de ces présences sur le plan argumentatif et tactique.

2. Outre l'accueil du lecteur, relevez les principales stratégies argumentatives utilisées par Larose.

3. Relevez les différents points d'appui du texte dans la réalité, notamment sur le plan des références et des marques spatiotemporelles. Expliquez-en l'utilité.

Réfléchir

1. Nous avons dit que le moteur de l'essai polémique est de l'ordre de la conviction et de l'émotivité. Est-ce sensible, ici ? Expliquez votre réponse.

2. En filigrane, quel portrait de la société québécoise Larose propose-t-il ? Justifiez votre réponse en vous appuyant sur des faits de texte.

Mettre en parallèle

1. Relisez le texte de Baillargeon (p. 45) à la lumière des propos de Barthes que rapporte ici Larose ; l'essayiste selon Montaigne est-il un écrivain ou un écrivant ? Et Larose lui-même, comment se situe-t-il ?

2. La littérature – sa nature, son rôle – est le sujet du texte de Larose comme de celui de Jacques Godbout (p. 85). Ces deux essayistes ont-ils les mêmes préoccupations à son sujet ? Expliquez votre point de vue à la suite d'une analyse comparée.

3. Larose est ici un tenant de notre francité alors que Marcotte (p. 87) préfère réfléchir sur notre américanité. Leurs visions de notre identité sont-elles divergentes ? Jusqu'à quel point ?

4. Comparez les aspects polémiques de ce texte et de celui de Ferron (p. 113) : le discours argumentatif y utilise-t-il les mêmes armes ?

5. Larose comme Dumont (p. 102) critiquent le système scolaire. Diriez-vous que, malgré la différence du traitement de ce sujet, leurs reproches offrent des points de convergence ? Commentez.

Lectures convergentes

Sur le même sujet :
« Littérature Québec », *La visée critique* d'André Brochu

Sur le pouvoir de la littérature :
Le monde sur le flanc de la truite de Robert Lalonde

Sur l'enseignement :
La note de passage de François Gravel

Autour de la langue que nous parlons : le joual et le fouet

Bien qu'il soit toujours présent dans notre histoire[6], le débat sur l'enjeu de la langue que nous parlons et que nous écrivons a été ranimé d'abord par l'irruption des *Insolences* du frère Untel sur la scène publique, puis, dans la foulée d'un nouveau nationalisme militant, par la publication du *Cassé*, de Jacques Renaud (1964), par la revue *Parti Pris*. La question du *joual* – la paternité du terme revient au journaliste André Laurendeau – est alors de toutes les tribunes et les passions s'enflamment. Les *Belles-sœurs* de Tremblay, en 1968, raniment à nouveau le débat et, depuis, il n'a jamais totalement disparu de la scène de l'essai. Au cœur de la polémique, le rôle de la langue sur le plan social et politique, sa capacité à exprimer par mimétisme l'aliénation d'un peuple pour mieux l'en libérer ou, au contraire, pour l'enfoncer davantage dans cette aliénation. Avec quelle langue doit-on parler et écrire ? Le *joual* est-il une langue appauvrie ou l'expression de la vigueur du français d'ici ? Écrire en joual est-il une révolution ou une défaite ? L'usage d'un français *international* nous conduit-il à une acculturation ? Renie-t-on davantage son appartenance en parlant l'une, ou l'autre ? Les textes abordant ces questions nous révèlent des essayistes profondément engagés dans les débats de leur temps, indignés, sarcastiques et vindicatifs, refusant la distance critique.

Des quatre textes retenus ici, trois sont des extraits. En effet, les essayistes se contentent rarement de billets et de courtes chroniques pour aborder la question de la langue ; cela seul traduit, d'une certaine façon, l'importance qu'ils y accordent. Nous avons tenté de retenir des extraits qui présentent une part essentielle de leur argumentation et reflètent fidèlement leur position globale. Pour favoriser une réflexion plus englobante, les *mises en parallèle* ne sont proposées qu'à la fin de la section consacrée à la question de la langue.

Textes

1960   « La langue jouale » de Jean-Paul Desbiens (frère Untel) (extr.)
1965   « Le joual et nous » de Gérald Godin (t.c.)
1973   « Langue et idéologies » de Jean Marcel (extr.)
1996   « Suis-je ou ne suis-je pas ? » de Georges Dor (extr.)

Jean-Paul Desbiens (frère Untel)

Jean-Paul Desbiens est un frère mariste, simple enseignant à Chicoutimi, quand il se retrouve brusquement sous les feux de la rampe. Il a fait parvenir à André Laurendeau, alors directeur du Devoir, *quelques lettres où il s'inquiète de la situation du français au Québec. Jugeant ses propos intéressants, Laurendeau décide de publier plusieurs de ces lettres dans son Courrier des lecteurs sous la signature du frère Untel, estimant qu'un pseudonyme protégerait l'auteur, lié par des vœux d'obéissance à ses supérieurs. La publication de ces réflexions d'un frère enseignant désolé par la piètre qualité de la langue et de la culture québécoise fait sensation. Ce sont ces lettres remaniées et étoffées que Desbiens publiera en 1960 sous le titre déjà polémique des* Insolences du frère Untel. *L'ouvrage deviendra instantanément un succès de librairie, atteignant en dix jours le chiffre incroyable de 17 000 exemplaires vendus. Tout le monde en parle, tout le monde veut lire ces* Insolences *qui auront une influence certaine sur le système scolaire québécois et qui changeront la trajectoire de la carrière de Desbiens. En effet, il deviendra tour à tour haut fonctionnaire au ministère de l'Éducation, éditorialiste à La Presse et directeur de cégep, avant d'être élu provincial de sa communauté, en 1978. Depuis, il a publié plusieurs ouvrages, dont* Sous le soleil de la pitié, *en 1965, et* Se dire, c'est tout dire, *en 1989. Il a aussi signé des chroniques et des billets dans plusieurs périodiques, dont* Le Devoir.

On ne peut surestimer le choc qu'ont causé Les insolences *en 1960. Le Québec est alors aux abords de sa Révolution tranquille et il semble à plusieurs que ce « petit frère » ose dire tout haut ce qu'ils pensent tout bas. Nous reprenons ici le début du livre et, plus précisément, toute la première partie du premier chapitre, consacré à l'« Échec de notre enseignement du français ». Sous le sous-titre de « La langue jouale », Desbiens y aborde son sujet en présentant les sources de sa révolte et de cet échec.*

La langue jouale — 1960

Le 21 octobre 1959, André Laurendeau publiait une *Actualité* dans *Le Devoir*, où il qualifiait le parler des écoliers canadiens-français de « parler joual ». C'est donc lui, et non pas moi, qui a inventé ce nom. Le nom est d'ailleurs fort bien choisi. Il y a proportion entre la chose et le nom qui la désigne. Le mot est odieux et la chose est odieuse. Le mot joual est une espèce de description ramassée de ce que c'est que le parler joual : parler joual, c'est précisément dire joual au lieu de cheval. C'est parler comme on peut supposer que les chevaux parleraient s'ils n'avaient pas déjà opté pour le silence et le sourire de Fernandel.

Nos élèves parlent joual, écrivent joual et ne veulent pas parler ni écrire autrement. Le joual est leur langue. Les choses se sont détériorées à tel point qu'ils ne savent même plus déceler une faute qu'on leur pointe du bout du crayon en circulant entre les bureaux. « L'homme que je parle » – « nous allons se déshabiller » – etc... ne les hérisse pas. Cela leur semble même élégant. Pour les fautes d'orthographe, c'est un peu différent ; si on leur signale du bout du crayon une faute d'accord ou l'omission d'un *s*, ils savent encore identifier la faute. Le vice est donc profond : il est au niveau de la syntaxe. Il est aussi au niveau de la prononciation : sur vingt élèves à qui vous demandez leur nom, au début d'une classe, il ne s'en trouvera pas plus de deux ou trois dont vous saisirez le nom du premier coup. Vous devrez faire répéter les autres. Ils disent leur nom comme on avoue une impureté.

Le joual est une langue désossée : les consonnes sont toutes escamotées, un peu comme dans les langues que parlent (je suppose, d'après certains disques) les danseuses des Îles-sous-le-Vent : oula-oula-alao-alao. On dit : « chu pas apable », au lieu de : je ne suis pas capable ; on dit : « l'coach m'enweille cri les mit du gôleur », au lieu de : le moniteur m'envoie chercher les gants du gardien, etc... Remarquez que je n'arrive pas à signifier phonétiquement le parler joual. Le joual ne se prête pas à une fixation écrite. Le joual est une décomposition ; on ne fixe pas une décomposition, à moins de s'appeler Edgar Poe. Vous savez : le conte où il parle de l'hypnotiseur qui avait réussi à *geler* la décomposition d'un cadavre. C'est un bijou de conte, dans le genre horrible.

Cette absence de langue qu'est le joual est un cas de notre inexistence, à nous, les Canadiens français. On n'étudiera jamais assez le langage. Le langage est le lieu de toutes les significations. Notre inaptitude à nous affirmer, notre refus de l'avenir, notre obsession du passé, tout cela se reflète dans le joual, qui est vraiment notre langue. Je signale en passant l'abondance, dans notre parler, des locutions négatives. Au lieu de dire qu'une femme est belle, on dit qu'elle n'est pas laide ; au lieu de dire qu'un élève est intelligent, on dit qu'il n'est pas bête ; au lieu de dire qu'on se porte bien, on dit que ça va pas pire, etc...

J'ai lu dans ma classe, au moment où elle est parue, l'*Actualité* de Laurendeau. Les élèves ont reconnu qu'ils parlaient joual. L'un d'eux, presque fier, m'a même dit : « On est fondateur d'une nouvelle langue ! » Ils ne voient donc pas la nécessité d'en changer. « Tout le monde parle comme ça », me répondaient-ils. Ou encore : « On fait rire de nous autres si on parle autrement que les autres » ; ou encore, et c'est diabolique comme objection : « Pourquoi se forcer pour parler autrement, on se comprend ». Il n'est pas si facile que ça, pour un professeur, sous le coup de l'improvisation, de répondre à cette dernière remarque, qui m'a véritablement été faite cette après-midi-là.

Bien sûr qu'entre jouaux, ils se comprennent. La question est de savoir si on peut faire sa vie entre jouaux. Aussi longtemps qu'il ne s'agit que d'échanger des remarques sur la température ou le sport ; aussi longtemps qu'il ne s'agit de parler que du cul, le joual suffit amplement. Pour échanger entre primitifs, une langue de primitif suffit ; les animaux se contentent de quelques cris. Mais si l'on veut accéder au dialogue humain, le joual ne suffit plus. Pour peinturer une grange, on peut se contenter, à la rigueur, d'un bout de planche trempé dans de la chaux ; mais, pour peindre la Joconde, il faut des instruments plus fins.

On est amené ainsi au cœur du problème, qui est un problème de civilisation. Nos élèves parlent joual parce qu'ils pensent joual, et ils pensent joual parce qu'ils vivent joual, comme tout le monde par ici. Vivre joual, c'est Rock'n Roll et hot-dog, party et ballade en auto, etc... C'est toute notre civilisation qui est jouale. On ne réglera rien en agissant au niveau du langage lui-même (concours, campagnes de bon parler français, congrès, etc...) C'est au niveau de la civilisation qu'il faut agir. Cela est vite dit, mais en fait, quand on réfléchit au problème, et qu'on en arrive à la question : quoi faire ? on est désespéré. Quoi faire ? Que peut un instituteur, du fond de son école, pour enrayer la déroute ? Tous ses efforts sont dérisoires. Tout ce qu'il gagne est aussitôt perdu. Dès quatre heures de l'après-midi, il commence d'avoir tort. C'est toute la civilisation qui le nie ; nie ce qu'il défend, piétine ou ridiculise ce qu'il prône. Je ne suis point vieux, point trop grincheux, j'aime l'enseignement, et pourtant, je trouve désespérant d'enseigner le français.

Direz-vous que je remonte au déluge si je rappelle ici le mot de Bergson sur la nécessité d'un supplément d'âme ? Nous vivons joual par pauvreté d'âme et nous parlons joual par voie de conséquence. Je pose qu'il n'y a aucune différence substantielle entre la dégradation du langage et la désaffection vis-à-vis des libertés fondamentales que révélait l'enquête du *Maclean's*, parue au mois d'octobre 1959. Quand on a renoncé aux libertés fondamentales, comme il semble que la jeunesse a fait, en pratique, sinon en théorie (le mot liberté est toujours bien porté), on renonce facilement à la syntaxe. Et les apôtres de la démocratie, comme les apôtres du bon langage, font figure de doux maniaques. Nos gens n'admirent que machines et technique ; ils ne sont impressionnés que par l'argent et le cossu ; les grâces de la syntaxe ne les atteignent pas. Je me flatte de parler un français correct ; je ne dis pas élégant, je dis correct. Mes élèves n'en parlent pas moins joual : je ne les impressionne pas. J'ai plutôt l'impression que je leur échappe par moments. Pour me faire comprendre d'eux, je dois souvent recourir à l'une ou l'autre de leurs expressions jouales. Nous parlons littéralement deux langues, eux et moi. Et je suis le seul à parler les deux.

Quoi faire ? C'est toute la société canadienne-française qui abandonne. C'est nos commerçants qui affichent des raisons sociales anglaises. Et voyez les panneaux-réclame tout le long de nos routes. Nous sommes une race servile. Nous avons eu les reins cassés, il y a deux siècles, et ça paraît.

Signe : le Gouvernement, via divers organismes, patronne des cours du soir. Les cours les plus courus sont les cours d'anglais. On ne sait jamais assez d'anglais. Tout le monde veut apprendre l'anglais. Il n'est évidemment pas question d'organiser des cours de français. Entre jouaux, le joual suffit. Nous sommes une race servile. Mais qu'est-ce que ça donne de voir ça ? Voir clair et mourir. Beau sort. Avoir raison et mourir.

Signe : la comptabilité s'enseigne en anglais, avec des manuels anglais, dans la catholique province de Québec, où le système d'enseignement est le meilleur au monde. L'essentiel c'est le ciel, ce n'est pas le français. On peut se sauver en joual. Dès lors…

Joseph Malègue dit quelque part (je sais où, mais je ne veux pas paraître pédant. On peut avoir du génie et être modeste) : « En un danger mortel au corps, les hommes tranchent tout lien, bouleversent vie, carrière, viennent au sanatorium deux ans, trois ans. Tout, disent-ils, plutôt que la mort ». N'en sommes-nous pas là ? Quoi faire ? Quand je pense (si toutefois je pense), je pense liberté ; quand je veux agir, c'est le dirigisme qui pointe l'oreille. Il n'est d'action que despotique. Pour nous guérir, il nous faudrait des mesures énergiques. La hache ! la hache ! c'est à la hache qu'il faut travailler :

a) contrôle absolu de la Radio et de la TV. Défense d'écrire ou de parler joual sous peine de mort ;

b) destruction, en une seule nuit, par la police provinciale (la Pépée à Laurendeau), de toutes les enseignes commerciales anglaises ou jouales ;

c) autorisation, pour deux ans, de tuer à bout portant tout fonctionnaire, tout ministre, tout professeur, tout curé, qui parle joual.

On n'en est pas aux nuances. Mais cela ne serait pas encore agir au niveau de la civilisation. Ferons-nous l'économie d'une crise majeure ? Ferons-nous l'économie d'un péril mortel, qui nous réveillerait, mais à quel prix ?

Les insolences du frère Untel, p. 23-28.
© Sogides, 1960.

Des questions pour lire et analyser, et réfléchir

Lire et analyser

1. Dégagez le portrait du joual comme langue, tel qu'il est tracé ici.

2. Quelle image du lecteur le texte offre-t-il ? Répondez après avoir analysé les manifestations de sa présence.

3. À quel moment du texte la dimension polémique se manifeste-t-elle ? Retrouvez-en les marques.

4. Dans le discours argumentatif, la sincérité du JE est employée comme outil de persuasion. Repérez les passages où cela se vérifie.

Réfléchir

1. Au-delà du problème du joual, Desbiens nous révèle sa conception du langage. Qu'est-il, pour lui ?

2. Le texte revient à plusieurs reprises sur le sentiment d'impuissance face à un joual tout-puissant. Qu'est-ce qui constitue sa force, selon Desbiens ?

3. Dans son attaque du joual, Desbiens se montre-t-il partie prenante du problème ou, au contraire, s'en exclut-il ? Justifiez votre réponse.

4. En filigrane, quelle conception de l'éducation se dégage-t-il du texte ?

Gérald Godin

Étroitement lié à la cause nationaliste, puisqu'il fut député du Parti québécois de 1976 jusqu'à sa mort, en 1994, Gérald Godin est poète avant d'être un homme politique. Un poète engagé socialement, ardent défenseur de la justice, épris de tolérance interraciale – il sera ministre des Communautés culturelles et de l'Immigration –, amoureux de la langue québécoise. Il commence sa carrière comme journaliste au Nouvelliste de Trois-Rivières *– où il est né en 1938 –, puis il passe au* Nouveau Journal, *à Radio-Canada et enfin à* Québec-Presse. *Membre fondateur de la revue* Parti Pris *– dont il est directeur de 1969 à 1976 –, il participe à la grande bataille du joual. Ses activités politiques lui vaudront d'être arrêté en vertu de la loi des mesures de guerre, en 1970, mais ne ralentiront jamais son travail poétique. Il a également publié un roman. Plusieurs de ses textes journalistiques ont été regroupés par André Gervais sous le titre* Écrits et parlés. *Des prix d'importance ont ponctué sa carrière, dont le prix Ludger-Duvernay et le prix Québec-Paris, en 1987, attribué à* Ils ne demandaient qu'à brûler.*

Le texte que nous avons choisi est ancré dans l'actualité, puisqu'il s'agit d'un billet signé par Godin dans les colonnes de Parti Pris *en janvier 1965, au plus fort de la bataille du joual.*

Le joual et nous – 1965

Dans la nouvelle littérature québécoise, on parle beaucoup «par bougre et foutre», comme disent les Français, ou plutôt «par B et F», car ils sont discrets. En un mot, on y parle gras. Les djôs, les chnolles, les baisés et les gosses sont partout: il pleut du cul.

Ce phénomène est explicable: il est partie à un processus de rédemption dont le principal événement est que tout à coup, le joual ait accédé à sa véritable dimension, celle d'un décalque parfait de la décadence de notre culture nationale.

La plus récente tranche du rapport Parent est d'ailleurs formelle là-dessus: la province de Québec est probablement le seul pays au monde où il soit nécessaire d'enseigner la phonétique de la langue maternelle (page 40).

Le joual faisait, il n'y a pas goût de tinette, le désespoir de nos beaux esprits. Il fallait parler mieux! On en fit des slogans. On publia des «Ce qu'il ne faut pas dire», des «Ne dites pas… mais dites». On fonda des Offices de la langue française. On en faisait des congrès, des campagnes : la campagne contre le joual : beau paradoxe ! Entendait-on « bréquer », on se gaussait en disant : « freiner ». On en faisait surtout des insultes au peuple et des occasions de le mépriser. C'est ainsi, quand on a la vue courte : les canoques sont plus caves que les autres, ou encore : s'ils sont pauvres, c'est de leur faute et s'ils parlent mal, c'est de leur faute.

Le peuple, pour se venger d'être méprisé, traitait de tapettes et de fifis les seuls parlant bon français dans leur voisinage : les annonceurs de radio. La force d'envoûtement du mot est grand : un grand nombre de ceux-ci le devenaient.

Nos élites, qui ont la vue courte, agissaient en somme comme si c'était la langue qui était malade, alors que c'est la nation qui est mal en point, la culture nationale qui est pourrie, l'état québécois qui est infirme et l'âme québécoise qui est blessée jusques au plus profond d'elle-même.

Le joual en somme accentuait le fossé qui sépare ici les classes sociales. Comme seuls à s'exprimer sont ceux qui ne parlent pas joual, le mythe prospérait : les canoques sont des baragouineurs de qualité intellectuelle inférieure, il n'appartient qu'à eux de bien parler, ce sont des frogues. Le Frère Untel, avec toute sa bonne volonté ne put proposer comme remède que du réformisme : du vent !

L'autre événement pour la littérature, cette fois-ci, ce fut que quelques bourgeois comme nous répudiions nos origines, notre cours classique, nos soirées passées à gratter les classiques et surtout notre langue française pour choisir délibérément d'écrire mal. Non pas mal, mais vrai !

Moi aussi, quand je me serre les fesses, je peux parler comme un prince. On appelle ça vesser. Je me souviens de 1961, au mois de juin, j'étais à « La Closerie des Lilas », dans Montparnasse. J'avais une demi-heure à tuer avant un rendez-vous aux Éditions Albin Michel, à deux pas de là, au 22 de la rue Huyghens. Je prenais un pot. À deux pas de moi, qui prenait un pot comme vous et moi : un grand dégingandé à tête grise et nez indien : Samuel Beckett. Je sens quelque chose sous mon coude, je lève le bras, je regarde, c'est une plaque de cuivre fixée au bar. Elle porte une inscription : Ernest Hemingway. Il faut peu de choses à un jeune homme pour se sentir écrivain, ce fut chose faite.

Mais je me trompais, je faisais un fou de moi, comme disent les anglais. Au cours d'une série d'événements qui ne vous intéresseraient pas, mais où des gens comme Ti-Zoune Guimond et Jacques Ferron, des lieux comme l'Auberge du Coin et le

Club Touristique à Trois-Rivières occupent une grande place, je découvris la beauté de mes compatriotes et leur profonde santé. « La Closerie des Lilas », où Théophile Gautier a également sa plaque de cuivre sur un coin de table : adieu ; Ernest Hemingway qui mourut en tétant une .303 : adieu ; Samuel Beckett qui fut le secrétaire de James Joyce : adieu ; Albin Michel : adieu. Je serai d'ici ou je ne serai pas. J'écrirai joual ou je n'écrirai pas et comme à joual donné on ne regarde pas la bride…

Le bon français c'est l'avenir souhaité du Québec, mais le joual c'est son présent. J'aime mieux, pour moi, qu'on soit fier d'une erreur qu'humilié d'une vérité. La rédemption du joual et de ceux qui le parlent est en cours. Dans cette rédemption, on parle beaucoup de « B et F » parce que le cul occupe une grande place dans toute langue populaire.

Quant à ceux qui sont contre, au nom de quelque principe esthétique, on s'en crisse : ils ne font que montrer leur ignorance de la véritable nature de tout langage, en premier lieu et de la véritable situation coloniale des québécois en second lieu. Mais je ne serais pas surpris outre mesure qu'ils trouvent un auditoire car c'est un autre vice de notre société que ce sont surtout les imbéciles qui y sont écoutés.

Parti Pris, p. 18-19.
© Succession Gérald-Godin, 1965.

Des questions pour lire et analyser, et réfléchir

Lire et analyser

1. Observez les différents niveaux de langue mis à contribution, et leur répartition dans le texte. Qu'en concluez-vous ?

2. Comment le premier paragraphe contribue-t-il à instaurer la polémique ? Retracez-en les manifestations.

3. Relevez les principaux procédés stylistiques mis en œuvre ici et analysez leur utilité sur le plan argumentatif.

Réfléchir

1. Par l'intermédiaire de l'anecdote, le JE se met directement en cause. Quel effet cela a-t-il sur le plan argumentatif ?

2. Il s'agit ici d'un écrit journalistique. Appartient-il au littéraire ? Pour répondre, analysez le parcours textuel et les divers éléments mis en cause.

3. Contre quoi Godin réagit-il en défendant le joual ?

Jean Marcel

La carrière de Jean-Marcel Paquette est marquée d'une grande érudition et d'un certain éclectisme. En effet, ce spécialiste de la littérature médiévale – il a publié une version moderne de la Chanson de Roland *– deviendra également un exégète de l'œuvre de Jacques Ferron, et publiera aussi romans, poèmes et essais. Celui qu'il consacrera à la question de la langue,* Le joual de Troie, *connaîtra un retentissement important et obtiendra le prix France-Québec. Jean-Marcel Paquette enseigne à l'Université Laval depuis 1968. Parallèlement à sa carrière universitaire, il publie des critiques dans plusieurs périodiques.*

En 1973, quand est publié, sous le pseudonyme de Jean Marcel, Le joual de Troie, *la bataille du joual tire à sa fin, mais les forces en présence ne sont pas épuisées. À preuve : viennent de paraître coup sur coup* Place à l'homme *d'Henri Bélanger (1971) et* Une culture appelée québécoise *de Giuseppe Turi (1972). C'est en réaction à ces deux essais que Jean Marcel écrit ce livre de colère. L'extrait que nous présentons est justement dirigé contre un de ces deux auteurs que Marcel attaque nommément et sans le ménager, battant en brèche ses arguments et sa thèse. C'est un extrait du chapitre 3 qui examine la place des idéologies dans l'étude d'une question linguistique.*

Langue et idéologies — 1973

[...]

Le colonel Bélanger, lui, avec son ambiguïté à portée idéologique et sa confusion habituelle, ne va pas jusqu'à avoir la trouille du p'tit frère [Untel], ah non ! Il est dialectique, le monsieur, et ne juge les choses qu'en termes shakespeariens, de to be or not be : «Moi je ne dis pas que le joual existe, et je ne dis pas que le joual n'existe pas. C'est à vous qui affirmez qu'il existe de faire votre preuve» (p. 245). C'est clair pour tous, non ? Eh bin moi je dis au monsieur qu'on ne prouve pas l'existence du joual comme on prouve ou ne prouve pas l'existence de Dieu : le joual, c'est comme Dieu, comme l'art ou comme la marde dont il a été question ci-haut, ça ne se prouve pas, ça se *sent* !

Le joual, en deux mots, voici son histoire sainte : jusqu'à la veille de la Conquête de 1759, les récits des voyageurs[1] ne tarissent pas d'éloges sur le langage de la bonne vieille ville de Québec, de celle non moins vieille des Trois-Rivières, de celle non moins bonne de Montréal où le français, disent les récits, est le même qu'on entend et parle à Paris : et voilà pour la bourde du bon Monsieur Barbeau. (Soit dit en passant : c'est de là que nous vient la très belle forme du mot *marde* que j'ai employé plus haut, qui se disait *marde* en dialecte de l'Île-de-France avant que les provinces de Picardie et de Normandie « n'imposent » à Paris leur prononciation *merde*.) Dans le demi-siècle qui suivit la Conquête, personne n'a été en mesure de venir rendre compte de nous-mêmes, pas même nous, ce qui démontre que nous avons été assez démunis… Mais enfin, comme nous n'en savons rien, nous n'allons rien supposer. Pas d'écoles pendant ce demi-siècle, une seule grammaire pour tout ce vaste pays, celle des Ursulines de Québec, une relique précieuse qu'on peut encore voir aujourd'hui : je la rééditerai sans doute en *reprint* bientôt, ne serait-ce que pour montrer à tout le monde ce qui est à voir. En 1801, un grand événement : l'école reprend. Pas n'importe quelle école, oh no my dear, des écoles royales et anglaises, please, les seules à être subventionnées par le très kingly government de sa majesty le king d'England. Ce sont ces écoles que fréquenteront nos très français ancêtres, en nombre croissant jusqu'en 1837. Cette belle année-là, à cause des événements que l'on sait, la fréquentation cessera brusquement pour faire tomber de 85 à 5 seulement le nombre des établissements scolaires : ils disparaîtront d'eux-mêmes en 1846 : on venait de comprendre l'astuce (voir Audet, *L'institution royale*, vol. IV, p. 182). Un peu trop tard cependant : le joual était déjà dans nos écuries, et pour cause ! Quand les voyageurs étrangers, britanniques, français ou américains, se remettront à nous revisiter après 1850, ils constateront qu'on ne parlait plus tout à fait comme on parlait quelques années plus tôt, c'est drôle ! Serait-ce donc notre « symbolisme intégratif » qui se mettait enfin à jouer, comme ça, sur le tard ? Toujours est-il que ledit « symbolisme intégratif » se lisait encore comme suit dans le programme de formation des maîtres de seconde année de l'École normale Laval en 1857 : « grammaire anglaise et vocabulaire – 3 heures ; grammaire française – 2 heures » (cf. Labarrère-Paulé, *Les instituteurs laïques au Canada français*, pp. 211-212). Pas étonnant que le « symbolisme intégratif » dont parle Bélanger se soit « intégratiné » si vite : ces « maîtres » formés à la grammaire et au vocabulaire anglais bien plus encore qu'à la grammaire française, allaient ensuite enseigner à des enfants très français dans des écoles très françaises et sans doute aussi très catholiques. Les voyageurs continueront d'affluer et leurs récits seront de plus en plus pessimistes sur l'état de notre langue. *Notre symbolisme intégratif*, eh bin, le v'là, le très cher ! Pas besoin d'avoir fait de la neurologie pour comprendre ça. Vigneault dira plus tard dans un de ses monologues : « c'est pas du français *châtié*, c'est du français *puni* ! » Jacques Ferron dira aussi, faisant allusion aux régions québécoises qui n'avaient pas été touchées par les conditions du fléau du « symbolisme intégratif » : « En Gaspésie, je m'étais nourri d'un peuple. À Ville Jacques-Cartier, en zone frontalière, beaucoup moins ; à cause des mots pourris, je ne baignais plus dans une ambiance naturelle et heureuse. Surtout, je me suis dit qu'il devenait impossible d'œuvrer dans une langue dont les sources populaires se salissaient, faute d'un gouvernement pour pourvoir à l'hygiène publique » (*Jacques Ferron malgré lui*, p. 20). C'est dire que la chevauchée du joual, commencée au petit trot de l'enseignement au 19ᵉ siècle, se poursuivait par le grand galop de la prolétarisation massive des populations québécoises. À partir de ce moment, le joual n'est plus seulement un petit animal inoffensif, ce n'est plus seulement une langue, c'est l'ensemble des conditionnements de l'aliénation dont cette langue n'est que le véhicule. Et c'est la découverte de ce phénomène de globalisation lié à l'ensemble de la vie jouale qui a fait que des jeunes écrivains, entre 60 et 65, ont utilisé ce véhicule comme un instrument de provocation : c'était une sorte de cri de détresse visant à attirer l'attention sur la situation qui autorisait une telle langue ; il en est résulté, comme partout en matière d'art, des chefs-d'œuvre comme les nouvelles de la *Chair de poule* d'André Major, mais aussi des navets, que je ne nommerai pas ; preuve qu'une langue, quelle qu'elle soit, n'est pas de soi garante de la création d'un univers artistique complet et qu'il faut au bout du stylo un homme qui ait quelque talent pour l'agencement des lois particulières du monde de l'imaginaire, même si cet imaginaire entend reproduire la *réalité*. Puis vers 1965, on s'est rendu compte que, comme dit encore Ferron, « le joual ça ne s'écrit pas » (*Le Devoir*, 30 octobre 1965). Ça ne s'écrit pas, en effet, il faut que ça soit parlé car telle est sa situation véritable : il est dès lors passé dans les arts parlés, comme le théâtre et le monologue, où Michel Tremblay et Yvon Deschamps ont excellé mais où bien d'autres ont échoué parce qu'il y faut du talent et que ça suppose qu'on soit précisément sorti du cercle de l'aliénation où, dans la réalité de tous les jours, le joual est encore attaché à son pieu.

[…]

_____

1. On en trouvera un répertoire assez complet dans la *Bibliographie linguistique du Canada français* de Gaston Dulong, P. U. Laval, 1966.

Le joual de Troie, p. 132-134.
© Le jour éditeur, 1973.

Des questions pour lire et analyser, et réfléchir

Lire et analyser

1. Retrouvez les divers types de discours utilisés ici par Jean Marcel.

2. Le texte polémique est provocateur. Par quoi cela se manifeste-t-il ici ?

3. Relevez trois procédés utilisés par Jean Marcel pour mettre directement le lecteur en cause et mieux le convaincre.

4. Analysez le travail de l'italique et de la parenthèse ; à quoi servent-ils ici ?

Réfléchir

1. Le texte polémique est, par nature, outrancier. Cela vous paraît-il, ici, une bonne tactique de persuasion ? Justifiez bien votre réponse par des faits de texte.

2. Qu'est-ce qu'une langue ? À cette question, Jean Marcel donne, au fil de son argumentation sur le joual, une réponse indirecte. Dégagez-en les grandes lignes.

Georges Dor

Né à Drummondville en 1931, Georges Dor a mené une carrière sur plusieurs fronts. Après avoir étudié le théâtre, il a été annonceur de radio, journaliste et réalisateur à Radio-Canada. En 1966, il enregistre un premier disque ; sa chanson La Manic *obtient un grand succès et l'emmènera d'un bout à l'autre du pays. En 1976, il ouvre un théâtre d'été ; dans les années 80, il écrit pour la télévision deux téléromans qui recevront eux aussi un excellent accueil. Au fil de ses carrières successives, il a publié des poèmes, des romans et des pièces de théâtre. Ses plus récentes publications, cependant, sont des essais aux titres provocateurs où il s'attaque à la piètre qualité de la langue parlée des Québécois :* Anna braillé ène shot *(1996) et* Ta mé tu là *(1997) ne laissent en effet aucun doute sur la position idéologique de l'auteur dans le débat linguistique. Ces deux essais polémiques ont fait couler beaucoup d'encre, ranimant une nouvelle fois la querelle du joual.*

De Anna braillé ène shot, *nous présentons le deuxième chapitre presque en entier. Dor y aborde la question de la langue sous un angle à la fois inductif et philosophique.*

Suis-je ou ne suis-je pas ? — 1996

Vous êtes-vous déjà posé la question suivante : Combien de Québécois seront morts sans jamais avoir été, sans jamais l'avoir dit, c'est-à-dire sans avoir jamais prononcé les mots *Je suis* ?

Songez à cela... toute une vie sans avoir dit : Je suis !

Il n'y a pourtant rien de plus primaire : « Je suis », première personne de l'indicatif présent du verbe *être*, prise de conscience et affirmation de sa propre existence. Ne serait-ce pas là le début du langage ? N'aurait-on pas raison de craindre qu'à force de ne jamais dire : « Je suis » on finisse par ne pas être, ou par n'être qu'à moitié, à peu près ou bien peu et, surtout, sans jamais l'avoir affirmé ? Est-ce pour cela que nous avons tant de mal à nous brancher politiquement et que nous restons partagés, moitié-moitié, entre le Oui et Non, coincés entre le « Je suis » et le *Chu* ?...

Pire encore, non seulement une grande partie de la population québécoise est incapable de dire : « Je suis », mais un très grand nombre de Québécois ne disent même pas : « Je ». Et pour cause, car le *Je* oblige pour ainsi dire au *suis* qui suit. Avez-vous déjà entendu quelqu'un dire :

« *Je chu* ? »

Le *Je* est le commencement du langage et bien davantage puisque, en philosophie, nous dit le dictionnaire, le *Je* est « le principe auquel l'individu attribue ses états et ses actes ».

À qui attribue-t-on « ses états et ses actes » quand on dit : « *Chu* » ? On amalgame alors dans une sorte de magma embrouillé le *Je* et le *suis*, en les faisant disparaître l'un et l'autre... et l'on risque fort de disparaître avec eux. Même la contraction du *I am* dans le langage populaire américain conserve le *I* qui est le *Je* français et le *m* de *am* : *I'm*. Tandis que dans le *chu* on ne retrouve absolument rien ni du *je* ni du *suis*.

La femme qui s'écriait, cet après-midi, dans un rire gros et gras : «*Attends meunute, m'a te pogner le zipper*», à qui attribue-t-elle ses «états et ses actes» ? De même quand un homme dit : «*Chu ben comme chu…*», «*Chu t'allé fère un tour…*», «*Chu en tabarnaque…*»

Et si le «Je suis» existe bien peu dans la langue parlée par les Québécois, le «Nous sommes» n'est pas davantage utilisé. Il est remplacé par le «*Ouin*». De telle sorte que, pour ainsi dire, «*ouin ben de même…*» De telle sorte aussi qu'au lieu de former un peuple nous serons bientôt reconnus comme une société distincte… parlant de façon indistincte.

[…]

Le frère Untel faisait remarquer autrefois, dans ses *Insolences*, que sur 20 élèves à qui on demandait, au début d'une année scolaire : «Comment t'appelles-tu ?» il ne s'en trouvait pas plus de 2 ou 3 dont on pouvait saisir le nom du premier coup. Il ajoutait, avec humour – c'était en d'autres temps et en d'autres mœurs : «Ils disent leur nom comme on avoue un péché d'impureté.» Les étudiants – et les Québécois en général – ont perdu la notion de péché, d'impureté ou autre, mais ils n'ont pas pour autant trouvé celle d'un parler convenable et compréhensible. J'allais écrire : civilisé.

J'habite depuis plus de 35 ans en face d'une école primaire, que mes 4 enfants ont fréquentée. Je ne vis ni à Outremont ni à Westmount… mais nous sommes nombreux, au Québec, à vivre ailleurs que dans les îlots urbains privilégiés où se regroupent les élites, qui envoient leurs enfants dans des écoles ou collèges privés. Nous sommes la très grande majorité. Dans mon quartier populaire, au début de septembre, comme partout ailleurs au Québec, les petits enfants arrivent à l'école pour entreprendre leurs études. C'est touchant de les voir avec leurs vêtements neufs et leurs sacs d'écolier colorés et rutilants. Je les sais presque tous pourtant affligés d'un handicap énorme, hérité de leurs parents, et que tout un système d'enseignement – du primaire au cégep et même jusqu'à l'université – n'arrivera ou ne cherchera pas à corriger : leur incapacité à formuler leur pensée et leur difficulté à parler correctement.

Alors, je me pose les questions suivantes : que feront les enseignants pour tenter tout au moins d'améliorer la langue parlée de ces enfants, pour leur permettre d'acquérir une certaine capacité d'expression, pour leur rendre possible, en somme, la communication entre êtres humains ? Que fait-on, dès la maternelle et tout au long du cours primaire, pour aider ces enfants à acquérir un langage compréhensible ? C'est alors ou jamais, tandis que leur intelligence s'éveille et que leur esprit est encore malléable, qu'il faudrait s'appliquer à cela.

Comme tous les écoliers, ceux de l'école primaire en face de chez moi grandissent vite et se dirigent ensuite vers les écoles secondaires des environs. Je les connais bien, ils me saluent et, parfois, je m'attarde à causer avec eux. Enfin, à essayer de les faire causer, car ils bafouillent tout autant – parfois même davantage – parvenus au secondaire, qu'ils le faisaient en commençant leur primaire. La grande différence est qu'ils ont perdu l'innocence de l'enfance ; plusieurs même affichent alors l'arrogance béotienne d'une inculture absolue, que reflète leur langage. Que dis-je, leur langage... plutôt leur absence de langage, cette sorte d'infirmité chronique qu'on se transmet de père en fils et de mère en fille, de grand-père à petit-fils, d'oncles et de tantes à neveux et nièces, cette incapacité de se dire, de simplement dire : « Je suis, j'existe », « je » m'appelle Pierre, Jean, Jacques, « j'ai » tel âge et « j'habite » à telle adresse, « je suis » en secondaire deux, ou trois ou quatre, « j'aime » les mathématiques, mais « je » préfère la chimie, « je fais » du sport, « je suis » surtout doué pour la natation, etc.

Les enfants de l'école en face de chez moi – et ceux des écoles secondaires toutes proches – ne savent pas davantage que les élèves du frère Untel, autrefois, décliner correctement leur identité ni prononcer, ne serait-ce que leur nom, de façon intelligible. Cela peut paraître invraisemblable, et pourtant...

Anna braillé ène shot (elle a beaucoup pleuré), p. 37-39 et 42-44.
© Lanctôt éditeur, 1996.

Des questions pour lire et analyser, et réfléchir

Lire et analyser

1. Analysez le début du texte : quelle stratégie argumentative l'auteur adopte-t-il ?

2. Observez la place et le rôle du JE dans le texte et tirez-en quelques conclusions.

3. Dans quels passages se révèlent les aspects provocateurs du texte ? Expliquez.

Réfléchir

1. Quelle est la particularité de ce texte en regard de la problématique de la langue ? Sur quelle prémisse l'argumentation se base-t-elle ?

2. Dans l'essai argumentatif, à plus forte raison quand il est polémique, l'écrivain abandonne l'attitude de doute pour proposer plutôt sa réflexion comme vérité. Est-ce que cela se vérifie dans ce texte ?

Des questions pour mettre en parallèle les textes que nous venons de lire

1. Les essais de Untel (p. 131) et de Dor (p. 143) mettent en scène, à plus de 30 ans d'intervalle, les jeunes. Comparez le portrait qu'ils en tracent.

2. George Dor (p. 143) fait référence au texte du frère Untel (p. 131) et aborde le système d'éducation. En ont-ils pour autant une vision semblable ? Comparez les deux textes.

3. Comparez la position de Godin (p. 136) et celle de Untel (p. 131) ; sont-elles aussi antithétiques qu'elles le paraissent ?

4. Marcel (p. 139) et Godin (p. 136) abordent tous deux la question du joual sous un angle plus politique. Sur ce plan, peut-on trouver des convergences entre leurs textes ?

5. Les textes de Dor (p. 143) et de Godin (p. 136) mettent tous les deux le JE en scène dans sa vie privée, dans un aspect plus personnel. Ces passages anecdotiques jouent-ils le même rôle, en regard de l'argumentation ?

6. Le joual est vu par Dor (p. 143) comme un langage de la dépossession. Retrouve-t-on cette perception chez Marcel (p. 139) ?

7. À la lecture de ces quatre textes, diriez-vous que l'essai polémique appartient au littéraire ? Justifiez bien votre réponse.

Lectures convergentes

Pour mieux comprendre les années 60 et la décennie suivante :
Le cassé de Jacques Renaud
Le cabochon de André Major
Les belles-sœurs de Michel Tremblay
L'enfirouapé d'Yves Beauchemin

Sur les aspects politiques du débat sur la langue :
Speak white et *Défense et illustration de la langue québécoise* de Michèle Lalonde
« Le joual-refuge », *Mélanges littéraires II* d'Hubert Aquin

Sur l'histoire de la langue que nous parlons :
« Ce sont gens de parole », *Récits d'une passion. Florilège du français au Québec* de Gilles Pellerin
La langue et le nombril. Histoire d'une obsession québécoise de Chantal Bouchard

Petits problèmes de sortie...

1. « Qu'est-ce que le scandale, bien souvent ? Le trait lumineux qui pénètre dans le réduit où dorment l'inquiétude et la curiosité ? » Jean-Charles Harvey définit-il adéquatement le rôle de la polémique, telle qu'elle s'exerce dans les textes qui précèdent ?

2. « La langue est une prison. La posséder, c'est l'agrandir un peu. » Discutez cette affirmation de Pierre Baillargeon dans la perspective de la bataille du joual.

Chapitre 5

L'essai aux confins de son territoire : un lieu poétique

Nous venons d'évoquer l'essai polémique, brutal et directement engagé dans une réalité pragmatiquement définie. À l'autre extrémité du spectre se situe l'essai poétique. Celui-ci propose une *perception autre* du réel. Celui dans lequel il s'engage est un réel tout aussi tangible, mais reflété plus que montré, esquissé dans ses résonances intérieures. Il ne s'agit plus de réflexion, mais d'une méditation lente qui rêve plus qu'elle ne propose ; on peut parler de **contemplation du réel**. Le travail de l'écrivain s'y distingue en ce qu'il nous propose un texte qui ne se laisse pas saisir ni résumer : en effet, l'utilisation du langage, ici, montre qu'il ne s'agit plus d'un outil de transmission, mais de la substance même du sens ; **le texte assume pleinement sa fonction littéraire.** Au fil des lignes, nous reconnaissons le discours méditatif*, mais celui-ci s'éloigne du plan intellectuel, *idéel*, pour se mêler au **discours expressif.** La lecture plurielle à laquelle nous sommes alors conduits nous permet de constater les **liens étroits existant entre l'essai et la poésie.**

Une contemplation du réel

L'essai poétique a, comme tous les autres essais, son assise dans la réalité. Il en propose un portrait mis en relation avec le JE. Cependant, il ne s'agit plus de peindre un réel concret et expérimenté par tous, mais de faire entendre l'*écho-du-réel-en-soi*, ce que l'essayiste *porte* du réel en quelque sorte. De même, la subjectivité du texte ne s'exprime plus par une dimension anecdotique, ni par des opinions ; on parle plutôt de regard, d'appréhension du monde. Fondamentalement, l'essai poétique propose donc une vision *autre*, grâce à une écriture très intériorisée où le réel est davantage *convoqué* que montré. Sa proposition est de nature énigmatique. Pour prendre une image : au lieu de conduire le lecteur sur des chemins pour aller quelque part – même si la destination est parfois incertaine –, l'essai poétique le conduit dans une plaine – un lieu ouvert – et l'invite à regarder, à explorer à partir de l'immobile ; cette exploration est libre et intérieure. On saisit cela dès l'abord du texte de Marteau : sa proposition est une proposition de constat visuel, une énumération qu'aucun référent ne rend directement intelligible et qu'aucune structure syntaxique ne permet d'organiser en termes logiques. Le lecteur est ainsi, non pas même conduit, mais déjà au milieu d'un espace d'où il peut *voir* sans *savoir*.

Contemplation n'est pas béatitude. Dans le regard que pose l'essayiste sur le monde, il y a questionnement et doute : l'écrivain ne *sait rien* ; mais il voit, ressent et s'interroge. Toutefois, transparaît également dans le texte son *consentement* au monde[1], sa tranquille affirmation d'appartenance intérieure au réel qu'il évoque.

Une fonction littéraire assumée

L'essai poétique appartient à part entière au littéraire, à la polysémie (le caractère d'un texte susceptible de recevoir simultanément plusieurs sens)[2] ; Plutôt que le langage opératoire, l'essai favorise le « langage-valeur », selon le mot de Brault[3]. Il poursuit une certaine recherche esthétique, étroitement associée au sujet : il ne s'agit aucunement d'« embellir le texte » dans une tentative décorative, mais de refuser au langage le rôle limité d'outil au service du sens. Le discours y est moins qu'ailleurs astreint au sujet et, surtout, moins astreint à l'*idée*. Le projet du texte, c'est d'*être texte* autant que de proposer du sens. L'essayiste privilégie alors une forme ouverte, imprévisible, parfois éclatée ; une *déambulation* que vient traduire un texte mouvant, très digressif sans que cela soit spectaculaire.

Le projet du texte et le parcours digressif* qu'il induit favorisent l'émergence du littéraire, comme le fait la subjectivité acceptée comme moteur du texte. Le matériau-langage reste toujours visible et jamais ne s'efface devant un réel pragmatique. Le pouvoir suggestif des mots, l'image ouverte, le travail actif de la connotation trouvent un terrain fertile dans l'essai poétique. La syntaxe porte également les marques du projet d'évocation : les phrases incomplètes, en suspens, invitent le lecteur à la rêverie. La dimension littéraire du texte, sa polysémie fondamentale font qu'il demeure, pour toujours, inachevé.

Le discours expressif

Quand la réflexion prend une tangente plus rêveuse, presque poétique, on parle de discours expressif, de discours d'*évocation*. Ce type de discours poursuit un but marqué par une certaine gratuité – entendue au sens de désintéressement, de générosité : il ne veut pas faire agir ; il veut susciter l'émotion et l'image, *faire apparaître, voir* et *sentir*. Il est centré sur une double subjectivité : celle du JE et celle du langage. Le discours expressif abandonne donc la pensée rationnelle au profit de la rêverie. Son sens n'est jamais univoque, définitif comme celui du discours argumentatif ; au contraire, il est toujours équivoque, *interprété* par le lecteur. Le phénomène des associations et du surgissement des images propre à l'écriture influence grandement le parcours textuel. Le lyrisme y est également très présent. La présence directe du JE, les expressions subjectives, les figures de style évocatrices sont privilégiées. Par le discours expressif, et parce qu'ils s'y abandonnent, certains textes se trouvent aux confins de leur territoire, à la limite de la réflexion et de la méditation, tout près de l'indicible et de la poésie.

Liens entre l'essai et la poésie

L'essai se situe sur un plan idéel et propose, grâce au langage, un portrait du monde extérieur tel que vu et perçu, alors que la poésie fait naître, *dans* le langage, le portrait d'un monde intérieur – un réel autre. Le lecteur saisit facilement la différence entre les deux genres : il a une idée précise des enjeux de l'essai et peut en résumer les grandes lignes, alors que le texte poétique le laisse désarmé, sur le plan du discours logique. Il ne peut absolument pas *s'approprier* le sens du texte poétique et le reformuler : le texte est le seul *lieu* du sens.

Malgré ces différences importantes, essai et poésie appartiennent au même monde, celui de la *vérité*. En effet, les deux parlent vrai ; les deux reposent sur un JE identifié à l'auteur, ce ne sont pas des œuvres de fiction mais des œuvres de réalité. Aussi, quand l'essayiste renonce au plan idéal, quand il s'abandonne au pouvoir d'évocation de ce qu'il voit et de ce qu'il dit, quand il choisit le discours méditatif* et expressif, il entre alors dans le domaine de la poésie et transgresse la frontière entre les deux genres. Son texte est aux confins du territoire de l'essai, y appartenant encore par des indices spatiotemporels, par des propositions d'ordre intellectuel. Mais sa proposition centrale est poétique : ce qu'il tente de saisir, c'est le fugace, l'impression fugitive du vrai d'un instant ; pour mieux dire : il donne à voir un instantané subjectif d'un présent qui n'a plus rien à faire avec l'actualité.

Textes

1960   « Routes marines » de Rina Lasnier (t.c.)
1974   « Jean-Paul Riopelle » de Robert Marteau (t.c.)
1978   « Musée de l'hiver » de Félix-Antoine Savard (t.c.)
1996   « Cela même » de Jacques Brault (t.c.)

Rina Lasnier

Poète et dramaturge, Rina Lasnier est née à Iberville en 1915 et s'est éteinte en 1997. Malgré son importance dans la littérature québécoise, elle n'est pas très connue du grand public, ayant vécu en retrait, loin de l'engagement politique et des batailles rangées de son époque. Se destinant à la médecine, elle bifurque vers la littérature. Elle travaille comme journaliste et publie, à compter de 1939, des poèmes d'inspiration souvent religieuse, d'un lyrisme puissant, marqués d'une certaine intemporalité. Toute son œuvre est en marge des modes. Son recueil le plus connu est Présence de l'absence, *repris par les éditions de l'Hexagone en 1992.*

En 1960, Miroirs *paraît avec le sous-titre de « Proses » ; timidement, l'ouvrage annonce son ambiguïté et sa dissidence : il se distancie de la poésie sans s'associer à l'essai. Le titre même semble marqué par le projet d'évocation, promettant images, reflets multipliés à l'infini. Livre inclassable qui désarçonnera la critique, regroupant des textes d'évocation et d'autres plus proches de la narration évangélique, il passera presque inaperçu. Pourtant, à sa manière, il montre une grande modernité, comme le fait voir « Routes marines », le texte que nous avons retenu.*

Routes marines — 1960

Pour voyager il faut prendre la mer si voyager c'est s'éveiller de soi et susciter les disharmonies heureuses.

Les routes terriennes ressemblent trop à l'homme quand il est au plus bas de lui-même, c'est-à-dire dur, avide, utilitaire. Les routes d'eau s'assimilent mieux à tout regard encore mal démêlé de la lumière ; celui de l'enfance et de la contemplation.

Les macadams inflexibles, raidis d'impatience, tendus de courses rectilignes ne tolèrent ni détours de montagnes ni averses de sous-bois ni même ce village cassé en deux au plus tendre de lui-même comme une noix. L'homme n'imprime plus sur le sol l'appuiement de son corps et de ses pensées ; plus rien ne remonte de l'humus à la cheville, de la cheville à la tête pour refluer au cœur et transformer toute communication en communion. Les voyageurs se sont assis dans leurs automobiles et leurs avions pour découper les paysages en cartes postales-éclairs ou en panoramas schématisés.

Mais celui qui prend la mer, la mer le prend comme partenaire pour cette pavane grave de sa danse royale ; ses jeux à elle ne finissent point dans la poussière mais dans l'exultation de l'embrun et le sûr retour vers la profondeur... et la mort qu'elle t'offre est pareille à ses jeux.

Les routes terriennes, immobiles, étroites font tourner l'homme sur lui-même comme écureuil en cage. Elles ont formé cette croûte de fer sur la mie chaude des champs et seul l'insecte se souvient que la terre est axée sur le feu.

La mer fluente, salée de pureté, élargie de houles qui vont où va le vent et virent où virent les étoiles, retourne l'homme au bercement du sein maternel quand son sommeil aqueux amorçait une naissance d'âme.

Les routes esclaves, engluées dans la résine noire ne se lèvent jamais de leur asservissement, jamais ne se quittent elles-mêmes pour recomposer les voix dépassées en chemin, pour remonter la sente latérale et là réapprendre de l'oiseau et de l'animal ce cri de la faim ou de l'amour, propagé plus vite que la flèche. Les routes couchées habitent le vide de la vitesse et de l'insomnie nocturne.

La mer marche debout et tu ne sais pas si elle vient par la montagne ou par l'abîme, par le sable ou par la pierre ; jamais elle ne se sépare de sa course par quelque rupture de pont car son être ne supporte point la division. Mais tu la vois, à certaines heures, replier un peu sa tunique, retirer sur soi sa marée, qui n'est que la frange de sa puissance, et laisser descendre en elle, ou s'augmenter d'elle les rivières, les ruisseaux et ruisselets de la côte. Au large, tu la vois encore se tracer en surface des étangs immobiles (miroir à mouettes ou réserve d'huile pour la lampe lunaire?) comme si une part d'elle-même reposait sur l'immuable, comme si les colonnes de sa force ne s'élevaient que pour recevoir cet ornement de colombes marines à leur chapiteau vert.

Les routes terreuses passent à travers les moissons qui passent à leur tour avec les saisons ostensibles.

Les courants marins circulent avec un gibier, des fruits convoyés au plus secret de la fécondité, et les îles attentives n'en savent ni le nombre ni l'odeur.

Les routes quotidiennes jouent avec les horizons pour en varier les perspectives, mais jamais n'osent dévier de leur ronde pour remodeler l'arbitraire de l'homme ou mépriser ses laideurs édifiées avec orgueil.

Le jeu supérieur de la mer c'est de dessiner, de sculpter des formes, de teindre des couleurs pour les effacer aussitôt dans la plus ironique humilité.

Les routes sous le joug feront toujours le tour du monde et seront toujours embarrassées d'aveugles tâtant leur ombre.

Si tu te mets au plein de la mer, tu liras sa face tournée vers des ciels foisonnant de royaumes. Si tu ouvres en elle ton œil-scaphandre tu verras la bouche du poisson muette de rassasiement. Si tu touches son cœur, tu sauras sa désespérance quand les pluies viennent la renouveler, et son essor quand les astres viennent la boire. Peut-être sauras-tu, par la sueur de son écume, l'effort de ses mille bras pour ne point devancer l'heure de ses noces anciennes avec la terre, quand la terre se dédurcira du mal de l'homme…

Miroirs, p. 33-36.
© Succession Rina-Lasnier, 1992.

Des questions pour lire et analyser, réfléchir et mettre en parallèle

Lire et analyser

1. Ce texte oppose les routes terriennes et les routes marines. Relevez les différents champs lexicaux qui viennent expliciter les valeurs attachées aux unes et aux autres, et expliquez vos conclusions.

2. Dans le droit fil de la question précédente, relevez les différentes figures de style uti-lisées pour évoquer les deux types de route.

3. Retrouvez ici des manifestations des discours méditatif et poétique. Justifiez vos repérages.

Réfléchir

1. Nous avons dit que, dans l'essai poétique, « le lecteur est ainsi, non pas même conduit, mais déjà au milieu d'un espace d'où il peut *voir* sans *savoir* ». Comment cela se manifeste-t-il ici ?

2. Quel éclairage la première phrase donne-t-elle au reste du texte ? Comment s'inscrit-elle dans le projet d'évocation du texte ?

3. Le JE est absent de cet essai. Comment se manifeste la subjectivité pourtant centrale ?

Mettre en parallèle

1. Mettez en parallèle les visions de la mer et du fleuve proposées par Lasnier et Bureau (p. 92). Peut-on y voir des convergences ?

2. Comparez les projets d'écriture de Lasnier et de Morency (p. 53). Entretiennent-ils des parentés ?

3. À travers le portrait de la route, c'est le portrait de l'homme qui s'esquisse. Ressemble-t-il à celui que trace Gagnon dans « Masques et visage » (p. 42) ? Nuancez votre réponse.

Lectures convergentes

Sur le voyage :
> *Voyage en Irlande avec un parapluie* de Louis Gauthier
> *Cent jours sur le Mékong* de Pierre Gobeil
> *De quoi t'ennuies-tu, Éveline ?* de Gabrielle Roy

Sur la thématique de l'eau :
> *Le mal du nord* de Pierre Perreault
> *Les îles de la nuit* d'Alain Grandbois

Robert Marteau

Poète et romancier, Robert Marteau appartient également au monde des arts visuels. Né en France, il s'installe à Montréal en 1972. Il a collaboré à des revues comme Liberté *et* Vie des Arts, *a été critique d'art au journal* Le Jour *et scripteur à Radio-Canada. Présence rare et énigmatique sur la scène littéraire, il n'a rien publié depuis* L'œil ouvert, *en 1978.*

Ce livre reprend, pour l'essentiel, les chroniques artistiques que signait Marteau dans Le Jour. *La quatrième de couverture donne*

une idée précise du projet de ce livre : « accueillir dans l'écriture
l'émotion que l'œil suscite devant les ouvrages plastiques ». Il
s'agit de « transposer dans les mots le mystère vital » de
l'œuvre[4]. Comme tous les essais de cet ouvrage, « Jean-Paul
Riopelle » s'accompagne d'une reproduction que nous n'avons
pas cru bon de reprendre ici[5].

Jean-Paul Riopelle — 1974

Au fond des neiges, les forges rougeoient, ou bien c'est un château de briques
dans la brume striée de scories, là-bas entre Bruxelles et Malines – le château de
Rubens. Ce sont des pluies noires, grosses comme des cordes ; des troncs écrits
sur des continents de silence. Après, voilà que de son ressac la forêt bat les
précieux secrets de Fontainebleau. Les copeaux s'envolent sous la cognée du
bûcheron imprégné de sèves, aveuglé d'éclats, ourlé d'agate. Quel temps fait-il ?
Les saisons s'emmêlent. Les terres sont drainées parmi des ciels où les âges, en
des soins infinis, ont caressé et capté la lumière, l'astre, les strates, les reflets. Ce
sont des fleuves verticaux, boisés, où les eaux, le frai, le feuillage et les batte-
ments de rémiges fascinent le passant pour en faire un voyageur sans boussole,
un voyageur enivré de résine et de chlorophylle bleues. Nous nous perdons dans
l'œil énorme de la libellule, nous marchons parmi la peau squameuse du
poisson. Dans des espaces faits de peaux, de résilles, de trombes, de cheveux, de
congères, de contre-courants, le geste fulgure et tente de forcer la réponse. Je ne
vois pas une toile : je vois construire un monde par combats et explosions. La
poitrine se soulève pour absorber l'air ; l'univers se gonfle vers ses limites – ou ses
non-limites. Que Riopelle ait peint ou non des forêts, en elles je poursuis ma
chasse, à la recherche d'un homme qui se bat et abat. Je perçois la fureur de la
roue saisonnale dans le ligneux. Je ne vois plus Rubens, mais cette maison de
briques à Hofstade, sur la neige, dans le parc nocturne ; je ne vois plus Rubens
– telle toile, telle autre –, mais Anvers, le grand bâtiment du Musée, non loin de
l'eau et des rails ; je vois des courbes, des flammes domptées, des girations, des
arcs qui ne veulent pas se clore. J'avais traqué Riopelle jusqu'à ce qu'il me lâche
un nom : Rubens. On avait parlé de Tintoret, de Venise… Premièrement fut
Venise : les milliers de miroirs à prendre nulle alouette. Riopelle avait bien voulu
encore me confier que la forêt canadienne a la même lumière que celle de

Fontainebleau. Mais où commence, où finit Fontainebleau ? C'est combien d'arpents parmi les siècles peints ? Qu'on pardonne à celui qui écrit. Il est contraint à poser quelques questions, à donner quelques références. Il voudrait bien s'enfoncer sans laisser de traces. Or le règlement veut qu'il inscrive ici ou là un signe, au cas où viendrait le goût à quelqu'un de suivre sa voie.

Ai-je fait sentir sans plus d'explications ce qui peut se répondre de Riopelle à Rubens, de Riopelle à Venise et à Fontainebleau ? Disons qu'il n'y a rien à expliquer, que ce n'est pas une équation à résoudre. Ce dont je suis sûr, c'est que le vaste gréement de la forêt hivernale, la fascination de la forêt estivale m'ont un jour fait reconnaître en l'œuvre de Riopelle un lieu intérieur, lié à mon souffle, lié à mon sang. De la peinture qu'on regarde, on ne voit que celle qui nous gagne et nous envahit. J'ai connu ma forêt par la forêt shakespearienne et par Brocéliande. L'œuvre de Riopelle est venue dans la nuit ou dans le plein jour franger de ses salves, copeaux, bois, brindilles et vêtures des horizons que grâce à elle je reconnais mieux.

Je débouche ici dans l'oseraie rouge d'un soleil celtique, là s'ouvre par l'écume quelque nouvelle conquête de l'Ouest. Vague sur vague s'amoncelle et se meut l'épopée. Pour quelque Iliade on abat les fûts ; on inscrit sur des ciels tendres ou tragiques les présages ; tout n'est pas dans les livres ; le monde est encore originel, aventureux et plein de signes. On a compris que rien n'était moins abstrait que cet art, qui affirme notre insertion dans les cycles, et grave dans le grand arroi les marques des muscles et du cœur.

L'œil ouvert, p. 54 à 58.
© Les Quinze, 1978.

Des questions pour lire et analyser, réfléchir et mettre en parallèle

Lire et analyser

1. Retrouvez la première proposition d'ordre intellectuel, conceptuel, posée par le texte. Qu'en concluez-vous ?

2. Observez par quelles étapes le JE s'introduit graduellement dans le texte.

3. Relevez les passages où le réel intérieur, ce que nous avons appelé l'*écho-du-réel-en-soi*, est montré comme prévalant sur le réel factuel.

4. Relevez les types de discours qui, outre le poétique, sont présents ici. Commentez-les.

Réfléchir

1. L'essai poétique propose la vision d'un réel intériorisé. Comment cela est-il rendu sensible, ici ?

2. Par quoi reconnaît-on que le projet d'écriture est avant tout d'être texte, d'*exister sur le plan de la littérarité** ?

3. Peut-on dire que cet essai nous apprend quelque chose sur Riopelle ? Sur quels plans ?

Mettre en parallèle

1. Dans quelle mesure peut-on dire que ce texte actualise la vision de l'écriture posée dans « Une grammaire du cœur » (p. 24) ?

2. Comparez ce texte à celui de Vadeboncœur (p. 77) : tous deux parlent de la peinture ; ont-ils le même projet ? Discutez.

3. Sur le plan du rôle de l'art – la peinture, la littérature – dans nos vies, établissez des liens entre ce texte et celui de Larose (p. 123).

Lectures convergentes

Sur le lien entre essai et poésie :
« L'écriture et l'errance », *Écrire en notre temps* de Fernand Ouellette

Sur une vision de l'artiste :
« Une certitude étrange », *L'absence. Essai à la deuxième personne* de Pierre Vadeboncœur
L'univers de Jean Paul Lemieux de Gaëtan Brulotte

Félix-Antoine Savard

Véritable mythe de notre littérature, à la mesure de son héros, Monseigneur Félix-Antoine Savard a signé, avec Menaud, maître-draveur, *une œuvre marquante de notre reconquête de l'identité. Savard naît en 1896 à Québec, est ordonné prêtre en 1922 et s'éteint en 1982. Sa vie est bien remplie : il travaille aux côtés de bûcherons sur la Côte-Nord ; il accompagne les défricheurs de l'Abitibi ; il fonde la paroisse de Clermont, dans Charlevoix ; il ouvre la Papeterie Saint-Gilles, encore aujourd'hui spécialisée dans le papier d'art ; il aide Luc Lacourcière dans sa lutte pour imposer le folklore québécois comme champ d'étude universitaire. Professeur de lettres à l'Université Laval à partir de 1943, il en deviendra le doyen.*

Poète et romancier, Savard n'est pas un essayiste à proprement parler. Mais vers la fin de sa vie, il publie plusieurs ouvrages qui s'apparentent au genre : méditations ou mémoires. Carnet du soir intérieur *se présente à la fois comme l'un et l'autre, en une suite de brefs billets, de pensées entrecoupées parfois de poèmes.*

Musée de l'hiver — 1978

Musée fabuleux de l'immense forêt d'hiver ! Pour d'innombrables Sixtines, le vent Michel-Ange modèle, sculpte, peint, jour et nuit, sans relâche. Génie mystérieux du souffle sur une matière infiniment docile !

Corps étranges ! Ébauches belles, capricieuses, fantastiques, parfois grotesques. Marbres éphémères ! Çà et là, têtes lourdes, presque humaines, parfois douces, pensives et qu'on voudrait entendre parler ! Épaules et torses qu'on aimerait caresser. Personnages drapés de capes royales, de coules monastiques. Gestes de prière, de supplications et de menaces aussi !

Mais quand tombe le soir, aux derniers rayons du couchant, formes qui, semblent-elles, se surnaturalisent ! Quel peintre jamais trouva ces bleus, ces ors, ces ombres, ces broderies, ces orfrois, ces modelés somptueux ou barbares que le moindre vent changera en d'autres visions éphémères ?

L'hiver est un pays de grand art !

Carnet du soir intérieur, p. 54.
© Fides, 1978.

Des questions pour lire et analyser, réfléchir et mettre en parallèle

Lire et analyser

1. Tout le texte explore une métaphore filée : quelle est-elle ? Comment se manifeste-t-elle ?
2. Ce texte est marqué par le lyrisme. Retrouvez-en les marques.

Réfléchir

1. Le JE est totalement absent du texte. Est-ce à dire qu'il est objectif ?
2. Examinez le texte à la lumière du titre. Qu'apporte-t-il comme éclairage ?
3. Peut-on encore dire que l'essai, ici, a son point de départ dans le réel ? Justifiez bien votre réponse.

Mettre en parallèle

1. Ce texte montre le réel comme créateur d'art ; le texte de Marteau (p. 156) fait précisément le chemin inverse, montrant l'art comme créateur de réel ; les deux démarches sont-elles parentes ?
2. Comparez le lyrisme de ce texte avec celui de Bureau (p. 92) : diriez-vous que, dans les deux cas, il vient transfigurer la réalité ?
3. Ce texte, comme celui de Lasnier (p. 153), évoque la nature. En esquissent-ils un portrait apparenté de quelque manière ?

Lectures convergentes

Sur la contemplation de la nature :
  Signes et rumeurs de Marie Uguay
  La vie entière de Pierre Morency
  L'herbe et le varech d'Hélène Ouvrard

Sur l'hiver :
  L'hiver de pluie de Lise Tremblay
  Ici, ailleurs, la lumière de Fernand Ouellette

Jacques Brault

*Nous avons présenté Jacques Brault au premier chapitre.
Au fond du jardin est un de ses plus récents ouvrages. À presque
trente ans de distance, Brault y poursuit la trajectoire amorcée
dans « Une grammaire du cœur ».*

*Pour bien faire comprendre la dimension de l'essai que nous
tentons de faire voir ici, rien ne saurait être plus explicite que la
quatrième de couverture de Au fond du jardin : on y désigne ce
livre comme faisant entendre des « voix venues de lectures
rêvées ». Le projet même du livre se situe donc aux confins du
territoire de l'essai : il s'agit véritablement d'écouter l'écho du réel
en soi. Comme tous les essais de ce recueil, « Cela même » est
centré sur un écrivain, une lecture d'une œuvre, sans que nous
sachions de qui il s'agit.*

Cela même — 1996

Pour chaque écrivain il n'existe virtuellement qu'une seule manière d'écrire.
Certains la cherchent toute leur vie ; peine perdue. D'autres trouvent sans s'être
donné la peine de chercher. C'est ce qu'on appelle, faute de mieux, la grâce.

Un vieux poète devenu personnage de roman se lamente sur son échec. N'est-ce
pas injuste et même incompréhensible ? Sa vie indéchiffrable, ne l'a-t-il pas trans-
crite en des poèmes impeccables, et non par de pâles duplicatas ou des décalques
imprécis ? C'est vrai. Alors ?

Vous vous êtes borné à « faire des vers ». Non, ce n'est pas un crime. Et puis, vous
quêtiez l'approbation, faiblesse bien humaine, mais enfin… Bref : le désert, mon
ami, le désert. Là, dans l'inaptitude au monde, on arrive parfois à dire ce qu'on ne

pensait pas pouvoir dire ; l'inespéré se produit. « Mon père enfin, qui m'a jusqu'à sa mort accablé de sa tendresse. » Petite phrase surgie de la stupeur qui saisit l'écriture en première personne quand elle n'est pas frôlement à soi-même.

Vers et prose ne se jouent pas de la langue, ils l'explorent et la transmutent comme une matière aux ressources illimitées. Parmi le foisonnement des possibilités, une, et une seule, vous attend. Ne vous fiez pas à la crédibilité dangereuse du *je*. Répétez-vous sans cesse : « le *je* qui parle ici n'est pas une voix personnelle ». Coupez les liens. Quittez-vous. Exilez-vous. Mourez. Ne laissez aucune trace.

Le temps va réparer le temps. Peut-être. Tout ce qui compte pour l'instant, c'est la justesse, rien d'autre ; grain de sable sur un lit de vase. Une femme confie à son amant : « Nous aurons été heureux. » Ce futur antérieur dispense du reste qui n'est que discours. Telle est la justesse. Impitoyable d'abord au plaisir d'écrire. Et désespérante ? Oui et non. Le *cela* de l'écriture nécessaire gît au milieu d'une solitude sans partage. L'écrivain ne s'adresse à personne. Il ne soliloque pas. Il ne signe que sa disparition.

Il arrive ainsi qu'un chœur de voix anciennes et nouvelles, indistinctement, parvienne par la fenêtre de la chambre où l'on se réveille enfant extasié après cinquante années d'existence nulle. Quelqu'un, qui est-ce, ressuscite, percevant l'odeur de la cire rance sur une rampe d'escalier quelque part dans une maison étrangère, un tintement de cuillère au bord d'une assiette, la nuance verdâtre d'un petit matin d'hiver, un monde improbable se lève, intact, de la pourriture qui nous est promise.

Oui, dira un inconnu, en une autre vie, c'est cela. Mais vous ne l'entendrez jamais. Cela même.

Au fond du jardin, p. 11-12.
© Le Noroît, 1996.

Des questions pour lire et analyser, réfléchir et mettre en parallèle

Lire et analyser

1. Trouvez le sujet central du texte, ce qui est ici exploré.
2. Comment se manifeste, sur le plan stylistique, la présence de l'énigmatique, le travail de Brault pour nous faire voir plutôt que savoir ?
3. Trouvez des passages qui s'apparentent au discours méditatif.

Réfléchir

1. Ici encore, le je est absent. Comment se traduit cependant la subjectivité ?
2. Étudiez la présence du destinataire, du vous : qui est-ce ? Est-il unique et exclusif ?
3. Quel portrait de l'écriture ce texte permet-il de dégager ?

Mettre en parallèle

1. Brault examine, comme Vadeboncœur (p. 77), le processus créateur. Comparez les approches.
2. « Le *je* qui parle ici n'est pas une voix personnelle », dit Brault. Cela peut-il être appliqué au JE de l'essai, tel qu'il était défini par le projet de Montaigne ? Pour examiner la question, relisez le texte de Baillargeon (p. 45).

Lectures convergentes

Sur la transgression des genres :
Le bruit des choses vivantes d'Élise Turcotte
Agonie du même Jacques Brault
Émilie ne sera plus jamais cueillie par l'anémone de Michel Garneau

Sur la création littéraire :
Le passage de l'Indiana de Normand Charette
Monsieur Melville de Victor-Lévy Beaulieu
Le vieux chagrin de Jacques Poulin

Petits problèmes de sortie...

1. « Au fond, tout le mystère de la poésie est d'être attentif au monde. » Hélène Ouvrard capture-t-elle ici ce qui fait l'essentiel du discours expressif de l'essai ?
2. « Qu'est-ce que la beauté [...] ? C'est le mouvement du bras se portant vers le chaudron où bouillent les légumes. Mais en un geste total. » Examinez cette déclaration de Jacques Renaud à la lumière du *consentement au monde* dont nous avons parlé dans ce chapitre.
3. « La voix est ce qui ressemble le plus à l'âme », dit Roger Mondolini. Cette affirmation nous permet-elle de mieux comprendre l'essai tel que nous venons de le voir à l'œuvre ?

Notes

Avant-propos

1. François-Marc Gagnon, dans *Chronique du mouvement automatiste québécois*, rend compte de façon détaillée de la parution du manifeste et des événements qui s'ensuivirent (Montréal, Lanctôt éditeur, 1998).

2. *Ibid.* p. 489.

3. Jean-Louis Roy, « L'essai au Québec », dans Paul Wyczynski *et al.*, *L'essai et la prose d'idées au Québec*, Montréal, Fides, 1985, p. 43.

4. Pierre Vadeboncœur, « Borduas ou la minute de vérité de notre histoire », *Cité libre*, XIᵉ année, n° 33, janvier 1961, p. 29-30.

5. *Ibid.*

6. André Brochu, « La littérature québécoise, d'hier à demain », *La visée critique*, Montréal, Boréal, 1988, p. 85.

7. Toutes les notices biographiques ont été rédigées à partir des sources suivantes : Réginald Hamel *et al.*, *Dictionnaire des auteurs de langue française en Amérique du Nord,* Montréal, Fides, 1989 ; Yves Légaré pour l'Union des écrivains québécois, *Dictionnaire des écrivains québécois contemporains,* Montréal, Québec/Amérique, 1983 ; Maurice Lemire et Gilles Dorion, avec la collaboration de Jacques Blais *et al.*, *Dictionnaire des œuvres littéraires du Québec,* Montréal, Fides, 1978-1994, 6 volumes ; et grâce au site Internet de l'Union des écrivains du Québec.

Introduction

1. Janusz Przychodzen, *Un projet de liberté ; l'essai littéraire au Québec (1970-1990),* Montréal, Institut québécois de la recherche sur la culture, 1993, p. 37.

2. Gilles Marcotte, *Littératures et circonstances*, Montréal, L'Hexagone, coll. « Essais littéraires », 1989, p. 91.

3. Sur l'accueil fait aux *Insolences*, lire la préface de R. Bergeron dans *Le dossier Untel*, Montréal, Du Jour Éduco Média, 1973.

4. Jean-Paul Desbiens, *Les insolences du frère Untel*, Montréal, Éditons de l'Homme, 1960, p. 25.

5. Lire à ce sujet la communication de Marie-Andrée Beaudet, « Interrogations sur la réalité de l'autonomie littéraire au Québec (à partir d'un rappel des positions régionalistes et postpartipristes) », *Développement et rayonnement de la littérature québécoise ; un défi pour l'an 2000*, Québec, Nuit Blanche éditeur, coll. « Littérature », 1994.

6. Gilles Pellerin, *Récits d'une passion*, Québec, L'Instant même, 1997, p. 97.

7. Ici, l'écrivain et journaliste Jean Royer rend compte des propos tenus par Lise Gauvin et Gaston Miron en 1990, au cours d'une entrevue accordée pour le lancement de leur ouvrage *Écrivains contemporains du Québec*, publié chez Seghers. Cette entrevue est reprise dans l'ouvrage de Jean Royer, *Écrivains contemporains. Nouveaux entretiens*, Montréal, Éditions Trait d'union, 1999, p. 13-16.

8. *Ibid.*

Chapitre 1

1. Un drame lyrique écrit en 1867 par Henrik Ibsen, écrivain norvégien, et mis en musique par le compositeur Grieg.

2. Toutes les citations retenues dans les *Petits problèmes de sortie* sont tirées du *Dictionnaire des citations québécoises* de Robert Forest, Montréal, Québec/Amérique, 1994, 851 p.

Chapitre 2

1. Montaigne, « Du Repentir », *Les Essays (III)*, Paris, Quadrige/PUF, 1992, p. 805.

2. Cette citation est tirée de la quatrième de couverture du livre.

Chapitre 3

1. Un texte de Laurent Mailhot nous aide à mieux saisir l'ampleur de ce questionnement identitaire : « D'un nom et de quelques adjectifs : littérature québécoise, française, nationale, internationale... », *Développement et rayonnement de la littérature québécoise ; un défi pour l'an 2000*, Québec, Nuit Blanche éditeur, coll. « Littérature », 1994.

2. Cette définition est de Marc Angenot, *Glossaire pratique de la critique contemporaine*, Montréal, Hurtubise HMH, 1979.

3. Maurice Lemire, *Dictionnaire des œuvres littéraires du Québec*, tome IV, 1960-1969, Montréal, Fides, 1984, p. 516.

4. Les notes de ce texte sont de Ferron ; elles sont numérotées de *a* à *c*.

5. Ces propos sont rapportés par Jean Royer dans ses *Écrivains contemporains ; nouveaux entretiens*, Montréal, Éditions Trait d'Union, 1999, p. 212.

6. Propos rapportés par Jean Royer, *op. cit.*, p. 145.

7. *Ibid.*, p. 146.

Chapitre 4

1. Dans l'introduction au *Dictionnaire des œuvres littéraires du Québec*, tome IV, 1960-1969, alors qu'on justifie le choix de textes, une remarque touchant les essais engagés et polémiques montre bien que c'est la force d'impact qui donne sa valeur à ce type d'essai : « Nous les avons (presque tous) systématiquement écartés, sauf certains qui ont suscité des débats sociaux ou provoqué une prise de conscience collective indéniable », Montréal, Fides, 1984, p. XXXVI.

2. La pertinence d'une telle question est également mise en lumière par la note qui précède : l'essai y est en effet jugé sur son contenu et son effet, des critères ne devant rien au fait littéraire.

3. Laurent Mailhot parle d'une « esthétique de la colère ». (*Ouvrir le livre*, Montréal, L'Hexagone, coll. « Essais littéraires », 1992.)

4. Cette acception est proposée par Bernard Dupriez dans son *Gradus. Les procédés littéraires (dictionnaire)*. Le terme général d'*humour* désigne une réalité complexe, pas toujours associée au comique, et regroupant à la fois plusieurs tons (ironique, sarcastique, persifleur, etc.) et plusieurs procédés (contrepèterie, substitution, etc.).

5. Le mouvement *Real Women* (pour *Real, Equal, Active* et *for Life*) a été créé en 1983 au Canada anglais. Il voulait promouvoir les droits des femmes sans spolier les hommes, et s'opposait au féminisme militant. En 1986, il dénonça publiquement le rapport *Égalité pour tous* du Comité parlementaire pour le droit à l'égalité.

6. Comme le démontre Chantal Bouchard dans un ouvrage au titre évocateur : *La langue et le nombril. Histoire d'une obsession québécoise*, Montréal, Fides, 1998.

Chapitre 5

1. Ce consentement est peint de façon éclatante par Albert Camus dans *L'envers et l'endroit*, notamment dans « La mort dans l'âme » (Paris, Gallimard, coll. « Folio essais », 1986).

2. Cette définition est proposée par Marc Angenot, dans son *Glossaire de la critique contemporaine*, Montréal, HMH, 1979.

3. Dans *Chemin faisant*, Montréal, Éd. La Presse, 1975, p. 61.

4. Je reprends ici les mots de Jean Marmier, responsable de l'entrée consacrée à « L'œil ouvert », *Dictionnaire des œuvres littéraires du Québec*, tome VI, 1976-1980, Montréal, Fides, 1994, p. 582.

5. Le titre de l'œuvre reproduite de Riopelle n'est pas mentionné par l'éditeur.

Tableau synoptique des essais retenus

Titres	Dates	Événements
	1944	Duplessis revient au pouvoir au Québec
	1945	Fin de la Seconde Guerre mondiale
Refus global de Paul-Émile Borduas *et al.*	**1948**	
	1949	Grève de l'amiante à Asbestos
	1950	Fondation de la revue *Cité libre*
« Paris (2) » d'Alain Grandbois	**1951**	
« Masques et visage » d'Ernest Gagnon	**1952**	
	1959	Mort de Duplessis
		Fondation de la revue *Liberté*
« La langue jouale » de Jean-Paul Desbiens	**1960**	Jean Lesage au pouvoir ; début de ce qu'on appellera la *Révolution tranquille*
« Routes marines » de Rina Lasnier		
« La femme dans le contexte historique » de Jean Le Moyne	**1961**	Commission Parent sur l'éducation
La ligne du risque de Pierre Vadeboncœur	**1962**	
	1963	Premières manifestations publiques du Front de libération du Québec (FLQ)
		Fondation de la revue *Parti Pris*
	1964	Création du ministère de l'Éducation
		Jacques Ferron fonde le parti Rhinocéros
« Le joual et nous » de Gérald Godin	**1965**	
	1966	Publication du rapport Parent
« Montaigne » de Pierre Baillargeon	**1967**	Création des cégeps
		Exposition universelle à Montréal
		Dépôt du rapport de la commission Laurendeau-Dunton sur le bilinguisme
	1968	Fondation du Parti québécois par René Lévesque
		Première représentation des *Belles-sœurs* de Michel Tremblay à Montréal
« La belle parade d'Arthur Buies » de Jacques Ferron	**1969**	
« Une grammaire du cœur » de Jacques Brault		
	1970	Crise d'Octobre et loi des mesures de guerre
« L'automatisme gonflé » de Jacques Ferron	**1972**	
« Langue et idéologies » de Jean Marcel	**1973**	
« Jean-Paul Riopelle » de Robert Marteau	**1974**	
	1976	Parti québécois au pouvoir
	1977	Adoption du projet de loi 101
« Musée de l'hiver » de Félix-Antoine Savard	**1978**	
« La chasse à courre » de Fernand Ouellette	**1979**	
	1980	Premier référendum sur la souveraineté
« L'écrivain d'affaires : la littérature mise à prix » de Jacques Godbout	**1981**	
La détresse et l'enchantement de Gabrielle Roy	**1984**	
« Y a-t-il une vraie femme dans la salle ? » ou *Real Woman, real muffin*» de Hélène Pedneault	**1986**	
« Découvrir l'Amérique » de Gilles Marcotte	**1989**	
	1990	Échec de l'accord constitutionnel du Lac Meech
« Au fil du monde » de Luc Bureau	**1991**	
« Le fantôme de la littérature » de Jean Larose		
« La vie vaut la peine d'être jardinée » d'Ariane Émond		
« Face à l'univers » de Pierre Morency	**1992**	
« L'ethnicité » de Neil Bissoonndath	**1995**	Deuxième référendum sur la souveraineté
« L'avenir d'une culture » de Fernand Dumont		
« Suis-je ou ne suis-je pas ? » de Georges Dor	**1996**	
« Cela même » de Jacques Brault		
« La grâce et l'attention » de Pierre Vadeboncœur		
Confiteor de Monique Bosco	**1998**	

Index des concepts expliqués

Accueillir le lecteur, p. 111

Contemplation du réel, p. 150

Digression, p. 15, dans « Un texte exploratoire »

Discours argumentatif, p. 110

Discours critique analytique, p. 71

Discours expressif, p. 151

Discours informatif, p. 41

Discours méditatif, p. 15

Discours narratif, p. 15

Distanciation, p. 15

Esprit critique, p. 70

Fonction littéraire, p. 150

Humour, p. 112, dans « Accueillir le lecteur pour mieux agir sur lui »

Littérarité, p. 71

Objectivation du réel, p. 69

Pacte de vérité, p. 2

Parcours digressif, p. 15, dans « Un texte exploratoire »

Parcours linéaire, p. 111

Poésie (liens essai-poésie), p. 151

Polémique, p. 109

Texte exploratoire, p. 15

Ton, p. 112, dans « Accueillir le lecteur pour mieux agir sur lui »

Index des titres retenus

« Au fil du monde » de Luc Bureau, p. 92

« Cela même » de Jacques Brault, p. 160

Confiteor de Monique Bosco, p. 32

« Découvrir l'Amérique » de Gilles Marcotte, p. 87

« Face à l'univers » de Pierre Morency, p. 53

« Jean-Paul Riopelle » de Robert Marteau, p. 156

« L'automatisme gonflé » de Jacques Ferron, p. 113

« L'avenir d'une culture » de Fernand Dumont, p. 102

« L'écrivain d'affaires : la littérature mise à prix » de Jacques Godbout, p. 85

« L'ethnicité » de Neil Bissoondath, p. 97

« La belle parade d'Arthur Buies » de Jacques Ferron, p. 82

« La chasse à courre » de Fernand Ouellette, p. 117

La détresse et l'enchantement de Gabrielle Roy, p. 27

« La femme dans le contexte historique » de Jean Le Moyne, p. 73

« La grâce et l'attention » de Pierre Vadeboncœur, p. 62

« La langue jouale » de Jean-Paul Desbiens (frère Untel), p. 131

La ligne du risque de Pierre Vadeboncœur, p. 77

« La vie vaut la peine d'être jardinée » d'Ariane Émond, p. 50

« Langue et idéologies » de Jean Marcel, p. 139

« Le fantôme de la littérature » de Jean Larose, p. 123

« Le joual et nous » de Gérald Godin, p. 136

« Masques et visage » de Ernest Gagnon, p. 42

« Montaigne » de Pierre Baillargeon, p. 45

« Musée de l'hiver » de Félix-Antoine Savard, p. 159

« Paris (2) » d'Alain Grandbois, p. 18

Refus global de Paul-Émile Borduas *et al.*, p. 9

« Routes marines » de Rina Lasnier, p. 153

« Suis-je ou ne suis-je pas ? » de Georges Dor, p. 143

« Une grammaire du cœur » de Jacques Brault, p. 24

« Y a-t-il une vraie femme dans la salle ? » de Hélène Pedneault, p. 120

Bibliographie des textes retenus

BAILLARGEON, Pierre. « Montaigne », *Le choix*, Montréal, Hurtubise HMH, coll. « Constantes », Montréal, 1969, 172 p.

BISSOONDATH, Neil. *Le marché aux illusions*, Montréal, Boréal/Liber, 1995, 242 p.

BORDUAS, Paul-Émile. *Refus global et autres écrits*, Montréal, Typo, coll. « Essais », 1990.

BOSCO, Monique. *Confiteor*, Montréal, HMH, coll. « L'Arbre », 1998, 132 p.

BRAULT, Jacques. « Cela même », *Au fond du jardin. Accompagnements*, Montréal, Éd. du Noroît, 1996, 140 p.

BRAULT, Jacques. *Chemin faisant*, Montréal, Éd. La Presse, 1975, 150 p.

BUREAU, Luc. *La Terre et Moi*, Montréal, Boréal, 1991, 273 p.

DESBIENS, Jean-Paul. *Les insolences du frère Untel*, Montréal, Éd. de l'Homme, 1960, 158 p.

DOR, Georges. *Anna braillé ène shot (elle a beaucoup pleuré)*, Montréal, Lanctôt éditeur, 1996, 191 p.

DUMONT, Fernand. *Raisons communes*, Montréal, Boréal, coll. « Papiers collés », 1995, 255 p.

ÉMOND, Ariane. « La vie vaut la peine d'être jardinée », *Les ponts d'Ariane*, Montréal, Le Devoir/VLB, 1994, 252 p.

FERRON, Jacques. « L'automatisme gonflé », *Escarmouches*, Montréal, BQ, 1998, 351 p.

FERRON, Jacques. « La belle parade d'Arthur Buies », *Escarmouches*, Montréal, éd. BQ, 1998, 351 p.

GAGNON, Ernest. « Masques et visage », *L'homme d'ici*, Montréal, HMH, coll. « Constantes », 1963, 190 p.

GODBOUT, Jacques. « L'écrivain d'affaires : la littérature mise à prix », *Le murmure marchand*, Montréal, Boréal compact, 1989, 153 p.

GODIN, Gérald. « Le joual et nous », *Parti Pris*, vol. II, n° 5, janvier 1965, p. 18-19.

GRANDBOIS, Alain. « Paris (2) », *Visages du monde*, Montréal, Les Presses de l'Université de Montréal, 1990, 378 p.

LAROSE, Jean. « Le fantôme de la littérature », *L'amour du pauvre*, Montréal, Boréal, coll. « Papiers collés », 1991, 254 p.

LASNIER, Rina. « Routes marines », *Miroirs*, Montréal, Éditions de l'Atelier, 1960, 127 p.

LE MOYNE, Jean. « La femme dans le contexte historique », *Une parole véhémente*, Montréal, Fides, 1998 , 240 p.

MARCEL, Jean. *Le joual de Troie*, Montréal, Éditions du Jour, 1973, 236 p.

MARCOTTE, Gilles. « Découvrir l'Amérique », *Littératures et circonstances*, Montréal, L'Hexagone, coll. « Essais littéraires », 1989, 350 p.

MARTEAU, Robert. « Jean-Paul Riopelle », *L'œil ouvert*, Montréal, Les Quinze, coll. « Prose entière », 1978, 167 p.

MORENCY, Pierre. « Face à l'univers », *Lumière des oiseaux*, Montréal/Paris, Boréal/Seuil, 1992, 331 p.

OUELLETTE, Fernand. « La chasse à courre », *Écrire en notre temps,* Montréal, HMH, coll. « Constantes », 1979, 158 p.

PEDNEAULT, Hélène. « Y a-t-il une vraie femme dans la salle ? ou *Real Woman, real muffin* », *Chroniques délinquantes de la Vie en Rose*, Montréal, VLB, 1988, 164 p.

ROY, Gabrielle. *La détresse et l'enchantement*, Montréal, Boréal Express, 1984, 505 p.

SAVARD, Félix-Antoine. « Musée de l'hiver », *Carnet du soir intérieur*, Montréal, Fides, 1978, 206 p.

VADEBONCŒUR, Pierre. « La grâce et l'attention », *Vivement un autre siècle !*, Montréal, Bellarmin, 1996, 308 p.

VADEBONCŒUR, Pierre. *La ligne du risque*, Montréal, HMH, coll. « Constantes », 1963, 286 p.

Bibliographie des sources théoriques

BEAUDET, Marie-Andrée. « Interrogations sur la réalité de l'autonomie littéraire au Québec », *Développement et rayonnement de la littérature québécoise. Un défi pour l'an 2000,* Québec, Nuit Blanche éditeur, coll. « Littérature », 1994.

BERGERON, R. *Le dossier Untel,* Montréal, Du Jour / Éduco Media, 1973.

BOUCHARD, Chantale. *La langue et le nombril. Histoire d'une obsession québécoise,* Montréal, Fides, 1998.

BROCHU, André. « La littérature québécoise, d'hier à demain », *La visée critique,* Montréal, Boréal, 1988.

DUPRIEZ, Bernard. *Gradus. Les procédés littéraires (dictionnaire),* Paris, Union générale d'éditions, coll. « 10/18 », 1980.

FOREST, Gilbert. *Dictionnaire des citations québécoises,* Montréal, Québec/Amérique, 1994.

GAGNON, François-Marc. *Chronique du mouvement automatiste québécois,* Montréal, Lanctôt éditeur, 1998.

GRANDPRÉ, Pierre de. *Histoire de la littérature française au Québec,* tome III, Montréal, Beauchemin, 1969.

HAMEL, Réginald, *et al. Dictionnaire des auteurs de langue française en Amérique du Nord,* Montréal, Fides, 1989.

LECLERC, Jacques. *Qu'est-ce que la langue ?,* Montréal, Mondia, 1979.

LÉGARÉ, Yves, pour l'Union des écrivains québécois. *Dictionnaire des écrivains québécois contemporains,* Montréal, Québec/Amérique, 1983.

LEMIRE, Maurice, et Gilles DORION, avec la collaboration de Jacques Blais *et al., Dictionnaire des œuvres littéraires du Québec,* Montréal, Fides, 1978-1974, 6 volumes.

MAILHOT, Laurent. « D'un nom et de quelques adjectifs : littérature québécoise, française, nationale, internationale… », *Développement et rayonnement de la littérature québécoise ; un défi pour l'an 2000,* Québec, Nuit Blanche éditeur, coll. « Littérature », 1994.

MAILHOT, Laurent. *Ouvrir le livre,* Montréal, L'Hexagone, coll. « Essais littéraires », 1992.

MARCOTTE, Gilles. *Littératures et circonstances,* Montréal, L'Hexagone, coll. « Essais littéraires », 1989, 350 p.

MONTAIGNE, Michel de. « Du repentir », *Les Essays (III),* Paris, Quadrige/PUF, 1992.

PELLERIN, Gilles. *Récits d'une passion,* Québec, L'Instant même, 1997.

PRZYCHODZEN, Janusz. *Un projet de liberté. L'essai littéraire au Québec (1970-1990)*, Montréal, Institut québécois de la recherche sur la culture, 1993.

ROYER, Jean. *Écrivains contemporains. Nouveaux entretiens*, Montréal, Éditions Trait d'union, 1999.

TREMBLAY, Yolaine. *L'essai,* Sainte-Foy, Éditions Le Griffon d'argile, 1994.

VADEBONCŒUR, Pierre. « Borduas ou la minute de vérité de notre histoire », *Cité libre*, XIe année, n° 33, janvier 1961.

WYCZYNSKI, Paul, *et al., L'essai et la prose d'idées au Québec*, Montréal, Fides, 1985.

COLLECTION « GRIFFON / LA LIGNÉE », CONSACRÉE À L'ENSEIGNEMENT DE LA LANGUE ET DE LA LITTÉRATURE AU COLLÉGIAL

Julie Poirier, avec la collaboration de Jean-François Belley, Mélanie Bergeron, Olivier Fortier, Marc Lalancette, Suzie Rivard et Annie Talbot, *Le plaisir d'écrire. Ateliers de création littéraire,* 1999, 90 p.

Voici un manuel de création littéraire conçu pour les étudiants en arts et lettres du collégial. Sur le mode ludique, l'auteure propose 30 ateliers classés par entrées (exercices de mise en forme), plats principaux (ateliers qui mènent à une production narrative ou poétique étoffée) et desserts (ateliers qui permettent de délier l'imagination). Un soupçon d'histoire, le mode de préparation et des variantes gourmandes sont quelques-uns des éléments qui accompagnent chaque atelier. On prendra plaisir à découvrir les nombreux exemples, souvents inédits, toujours étonnants et stimulants. Un avant-propos pédagogique, un menu de 15 « repas » complets.

Roméo Côté, *Le français ? Pas si compliqué ! Éléments de grammaire et de syntaxe,*. 1998, 128 p.

En trois parties et en dix modules, à la fois manuel de révision, cahier d'exercices et mini-grammaire, avec index, corrigés, tests, ce livre s'adresse à des étudiants de plus de 15 ans, notamment ceux inscrits au cours de *Français : mise à niveau* du collégial (601-001). Il s'agit d'un ouvrage largement autodidactique, aux explications grammaticales simples. Le ton convivial de l'auteur, professeur d'expérience, inspirera confiance aux étudiants. Un corrigé des tests est disponible.

Vital Gadbois, Jacques Gravel, Michel Paquin et Roger Reny, *Imaginaire et représentations du monde. Romantisme, réalisme et naturalisme, symbolisme et fantastique dans la littérature française et québécoise,* 1997, 358 p.

Conçu pour le cours de littérature francophone 601-102, ce manuel regroupe des œuvres des quatre courants les plus importants du XIXe siècle français et qui ont eu une influence au Québec jusqu'en 1945 ; les textes sont regroupés selon les deux genres alors les plus prisés, le poétique et le narratif. Modes de lecture des genres, réflexions d'auteurs et de critiques sur les courants retenus, œuvres souvent complètes, présentation des œuvres et des auteurs forment le cœur de l'ouvrage. Quatre questionnements progressifs, un par courant, permettent une lecture guidée des textes ici réunis. Tableaux synoptiques des courants et chronologiques des événements complètent le tout.

Francis Favreau et Nicole Simard, *Du chevalier Roland à maître Pathelin. Introduction à la littérature française du Moyen Âge par l'analyse littéraire,* 1996, 142 p.

Les auteurs invitent les étudiants à partager leur découverte de la littérature du Moyen Âge. À cette fin, avant d'en arriver à une analyse littéraire, ils leur proposent une lecture progressive en tenant compte d'abord des composantes du récit (temps et espace), de l'étude du personnage, des aspects thématiques et stylistiques, puis de la symbolique. Un questionnement allant de la compréhension à la rédaction accompagne chacun des 25 textes. Cet ouvrage a été conçu pour s'intégrer au cours de *français, langue et littérature* 601-101. Un livre du maître est disponible.

Jean-Louis Lessard, **La communication écrite au collégial,** 1996, 237 p.

Ce guide permettra à l'élève du collégial de mieux réussir ses cours obligatoires de langue et de littérature (601-101 à 103) et de faire de meilleurs travaux écrits dans ses autres cours. Ce manuel comporte des chapitres sur le processus de rédaction de tout texte, l'art de rédiger des textes informatifs, analytiques et persuasifs, les manières d'en améliorer la lisibilité par le style et la ponctuation et la façon de les présenter. Un corrigé est disponible.

Thérèse Belzile, **Précis de rédaction et de grammaire,** cahier d'exercices, 1994, 80 p.

Le manuel a été préparé à l'intention des élèves qui éprouvent des difficultés en situation d'écriture. Ceux-ci sont appelés à revoir les grands principes de la rédaction et à réviser les principales notions grammaticales. Amenés à mieux structurer leur pensée, ils pourront ensuite être lus et compris par les autres. Cet ouvrage est bien adapté au cours 601-001.

Vital Gadbois, **Écrire avec compétence au collégial,** 1994, 184 p.

L'étudiant des cours communs de *français, langue et littérature* (601-101 à 103) est appelé à rédiger de façon correcte une analyse littéraire, une dissertation explicative et un essai (ou dissertation) critique. L'ouvrage est un véritable guide d'écriture qui accompagnera l'élève tout au long de ses études collégiales.

Pauline Beaudoin et Lucie Forget, **Le récit de fiction. 15 textes à découvrir,** 1993, 234 p.

Cet ouvrage présente une méthode de compréhension du texte narratif, appuyée sur une grille d'analyse des composantes du genre: le personnage, l'intrigue, le thème, l'espace, le temps, le narrateur. Après un exposé exemplaire de la méthode, chaque composante fait l'objet d'un condensé théorique suivi de récits de grands auteurs et de questions adaptées à chaque œuvre.

Paul Beaudoin, **Consulter pour apprendre. Initiation à la fréquentation efficace de quatre grands dictionnaires,** Cahier d'exercices et corrigé, 1992, 72 p. et 12 p.

Ces deux ouvrages aideront leur utilisateur à mieux tirer parti de quatre grands dictionnaires de langue largement utilisés: Le Petit Robert 1, Le Multidictionnaire, le Bescherelle et le Girodet. Ils conviendront à l'enseignant qui veut aider ses élèves et conviendront également à l'autodidacte qui veut améliorer sa connaissance de la langue, son utilisation des dictionnaires et son habileté à rédiger correctement.

Richard Arcand, **Figures et jeux de mots,** 1991, 356 p.

Cet ouvrage présente dans un style simple et clair près de 200 figures du discours, rendues accessibles et attrayantes par des exemples choisis dans le langage publicitaire récent et chez des auteurs modernes et contemporains. Le lecteur y trouvera une brillante analyse d'un conte de Ferron et d'un monologue de Sol.

Richard Arcand, **Figures et jeux de mots,** Cahier d'exercices et corrigé, 1993, 78 p. et 18 p.

Matériel complémentaire au manuel, ce cahier d'exercices permet de passer de la théorie à la pratique. On y rencontre donc les principales figures du discours et le corrigé explicatif favorise l'auto-apprentissage.

Vital Gadbois, Michel Paquin et Roger Reny, **20 grands auteurs pour découvrir la nouvelle,** 1990, 320 p.

Cet ouvrage propose une lecture guidée de récits littéraires, brefs, complets ; reconnus pour leur qualité ; variés quant au style, aux thèmes, à la structure ; de plusieurs pays et d'époques différentes. Des questions sur les composantes narratives, la langue et le style accompagnent chaque nouvelle.

Denis Girard et Daniel Vallières, **Le théâtre. La découverte du texte par le jeu dramatique,** 1988, 184 p.

Les auteurs ont conçu cet ouvrage comme une initiation au théâtre. À partir de deux courtes pièces, les étudiants sont amenés à développer une capacité d'analyse d'un texte dramatique et on leur accorde les moyens de le bien jouer devant un public. Prix du Ministre 1988.

Élisabeth Vonarburg, **Comment écrire des histoires. Guide de l'explorateur,** 1986, 232 p.

L'auteure présente d'abord les grandes structures narratives, propose ensuite des jeux-exercices déclencheurs et procède enfin à une analyse détaillée des problèmes rencontrés en cours d'écriture. Un ouvrage fondé sur la vaste expérience d'une auteure de fiction, d'une professeure de littérature et d'une animatrice d'ateliers d'écriture. Cet ouvrage conviendra aux cours de création narrative, notamment en arts et lettres.

Francine Girard, **Apprendre à communiquer en public,** (2e éd.) 1985, 280 p.

Francine Girard aborde ici toutes les dimensions de l'oral en public : comment organiser son exposé (information et persuasion), comment analyser son auditoire de façon utile, comment se documenter, comment assumer son trac, comment répondre aux questions… Un ouvrage primé par le ministère de l'Éducation du Québec. Ce manuel convient pour le cours de formation générale propre (601-104) .

Francine Girard, **Réussir son diaporama. Un guide d'apprentissage**, 1985, 96 p.

L'auteure confie ici tous ses secrets de fabrication de ce puissant mode d'information, d'expression et d'animation. Un guide méthodique pour réussir sa communication audiovisuelle.

Michel Paquin et Roger Reny, ***La lecture du roman. Une initiation,*** 1984, 260 p.

Une approche pédagogique souple et méthodique, une initiation dynamique à une lecture active, plurielle, interrogative du roman. Les auteurs présentent une analyse des principales composantes du genre, proposant dans chaque cas un exposé théorique clair et des exercices d'observation, d'analyse à partir de nombreux extraits de la littérature universelle, et des exercices de production de courts récits. Un guide de lecture sert de synthèse.

Pierre Boissonnault, Roger Fafard et Vital Gadbois, ***La dissertation. Outil de pensée, outil de communication,*** 1980, 256 p.

Un ouvrage de base pour développer l'habileté à organiser et à communiquer une pensée claire, structurée et personnelle, d'une façon durable et dans une période de temps assez courte. Une méthode complète et éprouvée de préparation à la rédaction de textes bien écrits, par le moyen de la technique de la dissertation. Guide pédagogique également disponible.

Pour consulter le catalogue complet des éditions Le Griffon d'argile,
visitez notre site Web : www.griffondargile.com

Québec, Canada
2000